Manfred Müller-Berg

Auf Bäume hören – mit Bäumen sprechen

Manfred Müller-Berg

Auf Bäume hören – mit Bäumen sprechen

Walter-Verlag   Solothurn und Düsseldorf

Die Deutsche Bibliothek – CIP-Einheitsaufnahme

Müller-Berg, Manfred:
Auf Bäume hören – mit Bäumen sprechen / Manfred Müller-
Berg. – Solothurn ; Düsseldorf : Walter, 1995
ISBN 3-530-30002-0

© Walter-Verlag AG, 1995
Satz: Utesch Satztechnik GmbH, Hamburg
Druck und Einband: Offizin Andersen Nexö, Leipzig
Printed in Germany
ISBN 3-530-30002-0

Inhalt

Die Seele wird vom Pflastertreten krumm.
Mit Bäumen kann man wie mit Brüdern reden
und tauscht bei ihnen seine Seele um.
Die Wälder schweigen, doch sie sind nicht stumm.
Und wer auch kommen mag, sie trösten jeden.

(Erich Kästner)

Teil 1

Einleitung

Das Anliegen dieses Buches

Der Anfang der Beziehung zwischen Menschen und Bäumen ruht in der Frühgeschichte der Menschheit. Schon sehr bald erkannten unsere Vorfahren den Wert und damit auch die Verwertbarkeit der Bäume und Wälder zu ihrem Nutzen. Das ist bis heute unverändert geblieben. So schroff es am Anfang dieses Buches auch klingen mag: Gesunde Bäume lassen ihr Leben, damit Menschen sich mit hölzernen Gegenständen umgeben können.

Daneben geschehen teils aus Unkenntnis, meist gegen besseres Wissen, grobe und rohe Schädigungen des Baumbestandes der Welt, sei es durch Baumfällungen für Brennholz in den Armenregionen der Welt, sei es durch Brandrodungen zum Erhalt von Weideland, durch Zweckrodungen für Bauland und Verkehrswege.

«Erst wenn der letzte Baum gefällt ist …, werdet ihr begreifen, daß man Geld nicht essen kann!»

Die chronischen Schädigungen der Baumbestände in den reichen Ländern kommen hinzu. Luftverschmutzung und Vergiftung der Niederschläge durch industrielle und Haushaltsabgase und durch den Schadstoff-Ausstoß der Verkehrsmittel belasten einzelne Bäume, ganze Baumarten, ja sogar große zusammenhängende Waldregionen in erschreckendem Ausmaße. Schwarzwald, Böhmerwald, Fichtelgebirge, einst für ihren gesunden Baumbestand berühmt, sind traurige Beispiele für regionale Waldschäden.

Jedoch, bei aller Sorge, nicht alle gefährdeten oder bereits geschädigten Bäume sterben sogleich. Und solange wir Menschen Bäume pflanzen, zur Zierde oder zum Nutzen, stellen wir die gewachsene enge Beziehung zwischen Baum und Mensch immer wieder neu unter Beweis. Damit sind die Chancen gewahrt, das Wunderwerk der Natur, das Lebewesen Baum, stets wieder neu zu begreifen, die unsichtbaren Kräfte, die vom Baum ausgehen, wahrzunehmen und erkennen zu lernen.

Diesem Erkenntnisprozeß möchte auch das Buch dienen. Es vertieft das menschliche Empfinden für den Baum als Lebensgefährten, für den Baum als Gesprächspartner auf dem Weg der Lebensentfaltung.

Die Zwiesprache mit Bäumen kann dem einzelnen tatsächlich helfen, sowohl bedrückende Lebenslagen zu meistern als auch im Einzelfalle die seelische Verfassung in eine bestimmte Richtung zu stärken. Bäume können zwar nicht diagnostizieren oder im klassischen Sinne therapieren, aber mit ihrer Hilfe lernen wir, Altes und Gewohntes bewußt zu machen, manches neu zu überdenken, uns selbst einen – therapeutischen – Spiegel vorzuhalten und überkommene Denk- und Verhaltensweisen selbstkritisch zu prüfen und durch Neues zu ersetzen.

Anhand der Ausführungen zu den einzelnen Baumarten wird dargestellt, wie komplizierte Lebensfragen vereinfacht werden können, wie Fremdes verstehbar und Beängstigendes vertraut wird. Jede der beschriebenen Baumarten besitzt mindestens ein charakteristisches Merkmal, ein in positiver Weise auslegbares Erscheinungsbild, das dem in einer Unzufriedenheit lebenden Menschen helfen kann, sich selbst wieder aufzurichten.

Von Bäumen und Menschen

«Die Erde lasse Gras und Kraut aufgehen, das Samen bringe, und fruchtbare Bäume auf Erden, die ein jeder nach seiner Art Früchte tragen, in denen ihr Same ist. Und so geschah es. Da wurde aus Morgen und Abend der dritte Tag.»

Der dritte Tag der Schöpfungsgeschichte, ein langer ‹Tag› von Tausenden mal tausend Jahren Dauer, liegt selbst schon mehrere hundert Millionen Jahre zurück. Er brachte der Welt die Bäume.

In der schier anfang- und endlosen Dimension der Zeit vergingen Äonen, Zeiträume wie Ewigkeiten, bis am «sechsten Tag» der Schöpfungsreihe schließlich Menschen das Bild der Schöpfung abrundeten.

Riesige Urwälder bedeckten die eisfreien Landflächen der Erde, und die Zahl der Menschen war noch gering. Die Geschichte der Beziehung zwischen Menschen und Bäumen ist so alt wie die Geschichte der Menschheit. Und immer haben die Bäume Menschen in ihren Bann gezogen: Das Rauschen der Wipfel im unsichtbaren Wind galt als Sprache der Götter, die Gaben der Bäume, ihre Früchte, als Geschenk der Natur.

Holz zum Erhalt des wärmenden Feuers, zum Errichten von Hütten und Häusern, zum Bau von Stegen und Brücken, Booten und Schiffen, Möbeln und Gebrauchsgegenständen – Holz begleitete und förderte schon früh die Entwicklung der menschlichen Zivilisation.

Bald wußten unsere Vorfahren auch Wurzeln, Rinden, Knospen, Blüten, Früchte und Samen verschiedener Baumarten als Heilmittel oder zur Verfeinerung des Speiseplans einzusetzen. Stets blieb der Baum der Gebende, der Mensch der Nehmende.

Die frühe menschliche Erkenntnis, daß der Baum nicht nur ein Spender wertvoller Gaben war, sondern auch als ein lebendes, beseeltes Wesen, das zudem als Symbol für Wachstum und Erneuerung, als Träger und Überbringer der Ur-Information von Leben, Gedeihen und Vergehen begriffen werden konnte, diese Erkenntnis trug zu den geheimnsivollen Mythen, Epen, Sagen und Legenden, zu den Liedern und Gedichten bei, die den Baum zum Inhalt haben. Sie nährte auch die Volksbräuche und den Aberglauben, die sich sowohl um bestimmte Baumarten wie auch um Einzelbäume rankten – und in letzten Resten heute noch winden.

In einem der ältesten Weisheitstexte der Welt, dem sumerischen Gilgamesch-Epos, ist es ein Zedernwald im heutigen Libanon. In der Beschreibung des biblischen Paradieses sind es der Baum der Erkenntnis und der Baum des Lebens, in der Gottesoffenbarung des Mose ein brennender Dornbusch und in der keltischen Mythologie die Weltesche Yggdrasil, um hier nur einige Beispiele für symbolische und mythische Baumbilder zu benennen. Ähnliche und vergleichbare Überlieferungen sind aus den Sagenwelten der Indianer und anderer Kulturvölker erhalten.

Die enge Beziehung zwischen Menschen und Bäumen zeigt sich auch in den Eigenheiten und Fähigkeiten, die im Aberglauben und in der Volksfrömmigkeit den Bäumen auf phantastische Art zugeschrieben wurden. Nur wenige der verbreiteten Baumarten blieben davon unberührt. Fast allen wurden geheimnisvolle Kräfte im Umgang mit Tod und Teufel, mit Krankheit und Armut, Liebesverlust und Kinderlosigkeit zugemutet. Sie mußten herhalten, um die Kümmernisse der Menschen in sich aufzunehmen, Verwünschungen und Verhexungen abzuleiten und Not und Elend zu übernehmen. Der Aberglaube um die Bäume trieb Auswüchse, die uns heute als kaum vorstellbar, ja als skurril und kurios erscheinen. Die Bäume haben es geduldet.

Auch von bestimmten Einzelbäumen berichten die Überlieferungen: Buddha empfing seine Erleuchtung unter einem Baum, und Bonifatius, der Germanienmissionar, fällte im Teutoburger Wald die Donar-Eiche, um so die Überlegenheit des Christengottes über die germanischen Gottheiten darzustellen.

Einzelne Bäume und Baumgruppen dienten als Versammlungsort für rituelle oder religiöse Zusammenkünfte, für Hexensabbat und Gerichtstage, aber auch für Tanzfeste und Freudenfeiern. Ihre Bedeutung spiegelt sich bis heute in zahlreichen Ortsnamen.

Mit dem Rückgang der Volksfrömmigkeit verlor auch der Aberglaube seine breite Grundlage, und damit verkümmerte verständlicherweise auch die Beziehung zwischen Mensch und Baum. Wanderer, Jogger und Freizeitradfahrer unserer Tage erkennen beim Durchqueren der Forste wohl selten noch die Wesenheiten der Bäume; die eigene körperliche Verfassung, die Kondition, steht im Mittelpunkt des Bemühens. Mit Bäumen sprechen? Menschen eilen unter ihnen hindurch und an ihnen vorbei. Manche mit der Stoppuhr, manche mit dem Kilometerzähler. Vielleicht haben sie einfach ‹keine Zeit› …

Viel Zeit und vor allem Liebe zum Objekt bieten dagegen die Wissenschaftler in aller Welt auf, die sich seit Jahren um die Erforschung der Kommunikation der Pflanzen untereinander und um ihre Reaktionen auf die menschliche Kommunikation bemühen. Diese Wissenschaftler setzen fort, was vor rund dreißig Jahren in New York seinen Anfang nahm. Damals entdeckte Cleve Backster, Spezialist für Lügendetektoren und Ausbilder des CIA im Umgang mit Detektorprogrammen, in einem spielerischen Neugier-Versuch die Reaktionsfähigkeit seines Drachenbaums, einer Zimmerpflanze, auf bloße Gedankenvorgänge. Der an Elektroden angeschlossene Baum reagierte meßbar bereits bei dem bloßen Ansinnen, ihn zu begießen, also noch bevor überhaupt das Wasser gegossen war, die Wurzeln folglich die neue Wasserzufuhr noch nicht wahrnehmen konnten. Weitere Versuche zeigten die empfindliche Reaktion auf bedrohliche Gedanken, etwa auf die Vorstellung, eines der Blätter anzusengen. Simulierte er das Vorhaben des Ansengens, ohne die Pflanze ernsthaft beschädigen zu wollen, blieb jede Reaktion aus.

Diese ersten verblüffenden Versuche sind in zahlreichen Labor- und Feldversuchen in vielen Teilen der Welt erweitert und vertieft worden. Die Ergebnisse lassen zweifelsfrei erkennen, daß Pflanzen, speziell auch Bäume, auf menschlichen Zuspruch, auf Gedanken und bildliche Vorstellungen von Zuwendung oder Bedrohung reagieren. Längst ist es möglich geworden, solche Reaktionen mittels foto-akustischer Spektroskopie in hörbare Tonfolgen umzuwandeln, sie aufzuzeichnen und wiederzugeben. Jetzt sprechen die Bäume.

Ihre «Sprache» erscheint jedoch noch sehr kompliziert. Verschiedene Baumarten reagieren in unterschiedlicher Weise, und die Entschlüsselungsversuche beruhen noch auf hypothetischen Annahmen. Die Vorstellung eines Wanderers mit umgehängtem Schultertaschenlabor zur Baumbesprechung ist wohl noch in etlicher Ferne. Aber die Wege dahin sind vorgezeichnet: Wir wissen, Bäume reagieren auf uns und unsere Gedanken und Empfindungen.

Somit ist nicht mehr auszuschließen, daß gewisse Elemente des sogenannten Aberglaubens auf den Beobachtungen und Erfahrungen ebendieser Reaktionsfähigkeiten beruhen, auch wenn sie erst in unserer Zeit meßbar geworden sind.

Die Kommunikation mit Bäumen

Im Umgang der Menschen untereinander bildet die Sprache die Grundlage der Verständigung. Im Umgang zwischen Mensch und Tier tritt das Vokabular bereits zurück; Tonfall und Lautstärke unterstützen als Ausdruck von Gefühl oder Befehl die Sinnübermittlung des gesprochenen Wortes.

Den Pflanzen bleibt als Verständigungselement – nach Cleve Backster – nur die Kraft der Gedanken, mit oder ohne begleitende Worte. Gedanken, vom Wesen des Menschen ausgesendet und an das Wesen der Pflanze gerichtet, werden von ihr wahrgenommen und sind in ihr wirksam. Spätestens seit Backsters Erlebnis mit seinem Drachenbaum ist diese Vorstellung keine Illusion mehr.

Zwei Arten von «Sprachen» der Bäume sind bereits genannt worden: die Reaktionen auf Zuwendung oder Bedrohung, nämlich Gedeihen oder Verkümmern, und die mittels foto-akustischer Spektroskopie gewonnenen «Töne».

Als eine dritte Art von Sprache können die Wahrnehmungen gewertet werden, die ein Betrachter beim Anblick der Besonderheiten einer bestimmten Baumart in seinem Bewußtsein empfindet. Sie unterscheiden sich von Baumart zu Baumart und sind eine Art Symbolsprache der Bäume. Diese Sprache stellt die einfachste Korrespondenz von Baum zu Mensch dar und ist erlernbar wie jede andere Fremdsprache, nur mit geringerem Vokabular. Mit dieser Sprache der Bäume befassen sich die folgenden Kapitel.

Lassen Sie sich nun einladen, die faszinierende Sprache der Bäume zu lernen. Lassen Sie sich einfangen und verzaubern von der Schönheit, der Kraft und der Aussage einzelner Bäume, von denen Sie sich angesprochen fühlen oder die Sie nach dem Lesen einzelner Kapitel aufsuchen werden. Bäume sind die denkbar geduldigsten Gesprächstherapeuten, die Sie konsultieren können – und das ganz ohne Honorar.

Die Sprachenschule

Wer kann wo, wann und wie zu welchem Baum Kontakt aufnehmen?

Wer?
Jeder kann es. Voraussetzungen sind die Fähigkeit, einzelne Baumarten voneinander zu unterscheiden und die Aufgeschlossenheit für die Wirkung der Symbolkraft. Die Zeichnungen und Fotos in diesem Buch können Ihnen Anhaltspunkte für die notwendigen Unterscheidungen bieten.

Wo?
Interessante und auffallende Bäume finden Sie ab heute überall. Ihr neues Interesse wird Ihnen die unterschiedlichen Baumarten an vielen unerwarteten Standorten bewußt vor Augen führen. Es muß nicht immer im Wald sein, auch am Waldrand, im ländlichen Freiland, in Parks und Vorgärten, als Straßenbaum oder mitten in Städten und Dörfern wachsen die prächtigsten Exemplare aller Art.

Wann?
Die Frage nach dem besten Zeitpunkt für einen Baumkontakt ist stets Ihre ganz persönliche Sache, nicht die des Baumes oder der Tages- oder Jahreszeit. Nur Ihr Bedürfnis nach Gedankenklarheit in einem bestimmten Lebens- oder Stimmungsbereich läßt Sie den Zeitpunkt erkennen, wann Sie sich am besten einem Baum zuwenden, seine Symbolik durchdenken und anhand der Textaussagen dieses Buches mit neuen Impulsen alte Probleme lösen.

Wie?
Am Anfang steht die Erkenntnis eines eigenen Lebensproblems und der störenden Empfindungen und Gefühle, die von ihm ausgehen. Dabei mag es sich um eine Lebenssituation oder um eine seelische Verfassung handeln, um unerledigte Aufgaben oder gar um völlig unklare Hintergründe.

Je enger die belastenden Empfindungen und Gefühle eingekreist werden können, desto präziser lassen sie sich formulieren und schließlich mit nur einem einzigen Eigenschaftswort ausdrücken:

«Ich empfinde mich heute ... – z.B. lustlos, meine Ziele zu verfolgen = träge.»

Ist das entsprechende Wort gefunden, suchen Sie es in der linken Spalte der folgenden Tabelle. Haben Sie dieses Wort oder ein inhaltlich oder sinngemäß ähnliches Wort gefunden, dann entdecken Sie in der mittleren

Numeration nach alphabetischer Reihenfolge der Suchbegriffe.
(Alphabetische Liste der Baumarten siehe Seite 29 ff.)

Nr.	Ich empfinde mich heute …	Ich wünsche mir mehr …	Der Baum dazu:	Seite
1	… abgestumpft	Reinheit und Frische	Birke	30
2	… aggressiv	Friedfertigkeit	Salweide	105
3	… angepaßt	Selbstverwirklichung	Ginkgo biloba	35
4	… beschämt	Würde	Tanne	98
5	… egoistisch	Herzlichkeit und Liebe	Linde	111
6	… faul	Fleiß	Kiefer	68
7	… fremdenfeindlich	Fremdenliebe	Serbische Fichte	131
8	… gereizt	Gelassenheit	Ahorn	80
9	… kontaktarm	Kontaktbereitschaft	Robinie	125
10	… leer	Lebensfülle	Kastanie	86
11	… minderwertig	Größe und Geradlinigkeit	Mammutbaum	173
12	… mittelmäßig	Außergewöhnlichkeit	Lärche	74
13	… neidisch	Eigenständigkeit	Lebensbaum	51
14	… schutzlos	Geborgenheit	Buche	143
15	… traurig	Verstehen	Trauerweide	137
16	… träge	Strebsamkeit	Pappel	62
17	… unausgeglichen	Ausgeglichenheit	Fichte	46
	… unwissend	Weisheit	Drei Zedern	149
18	… unwissend	– ägyptisch-griechische	Libanon-Zeder	152
19	… unwissend	– indische	Himalaja-Zeder	163
20	… unwissend	– atlantische	Atlas-Zeder	168
21	… unzufrieden	Bescheidenheit	Korbweide	41
22	… verklemmt	Sinnlichkeit	Apfelbaum	120
23	… verzweifelt	Zuversicht	Erle	56
24	… wankelmütig	Standhaftigkeit	Eiche	93

Spalte das wirksame Zielwort dazu: «Ich wünsche mir mehr … – z. B. Streb-samkeit» und rechts daneben die jeweilige Baumart, die helfen kann, den Weg aus dem Gefühlstief zu beschreiten, in diesem Beispiel die Pappel.

Vertiefen Sie sich nun zunächst in das jeweilige Kapitel und erleben Sie, wie sich bereits beim Lesen neue Willenskräfte gegen die vorher störenden Gefühle bilden. Spüren Sie, um beim Beispiel der Pappel zu bleiben, wie Antriebsschwäche, Unlust und Trägheit verblassen und statt dessen Streb-samkeit für Sie verstehbar wird und Sie erfaßt.

So vorbereitet suchen Sie dann draußen den entsprechenden Baum auf, hier also eine Pappel, und treten Sie mit ihm in der Weise in Kontakt, wie es auf Seite 62 ff. beschrieben ist. Öffnen Sie Ihr Bewußtsein für die Sprache des Baumes. Er wird Ihnen noch mehr zu sagen haben, als Sie in diesem Buch gelesen haben.

Natürlich können Sie sich auch von den Wörtern der linken Tabellen-spalte einfach anregen lassen, Ihre Gefühle zu erkennen, das zugehörige Kapitel zu lesen und dann den Baum aufzusuchen. Am Anfang – oder wenn Ihre Baumkenntnisse vielleicht nicht sehr ausgeprägt sind – können Sie auch umgekehrt vorgehen: Lassen Sie sich von einzelnen Bäumen oder Baumarten, die Sie bereits kennen und die Ihnen auffallen, zu ersten Ge-danken im Sinne der folgenden Kapitel anregen.

Vielleicht achten Sie in den nächsten Tagen erst einmal nur und ganz gezielt auf Birken, das Symbol für Reinheit und Frische. Sie werden stau-nen, wie viele Birken Ihnen plötzlich am Wegrand und in Vorgärten be-gegnen.

Mit Ihrem Augenmerk auf die Birken werden Sie ganz beiläufig auch andere Baumarten entdecken und sich deren Standort einprägen. Bald werden Sie auswendig wissen, wo eine besonders hohe Pappel wächst, eine alte Eiche, eine Salweide, eine Linde oder ein Apfelbaum.

Schon jetzt können Sie mit den ersten Bäumen, die Sie kennen und deren Symbolbegriff Ihnen wichtig erscheint, in Kontakt treten:

Betrachten Sie den Baum zunächst aus einigem Abstand. Stellen Sie sich vor, wie sich seine unsichtbaren Energiefelder mit Ihren eigenen Ener-giefeldern verbinden. Mit einiger Vorstellungskraft «sehen» oder erahnen Sie etwas von den Schwingungen der Energiehüllen, die den Baum umge-ben und die größer und breiter sind als der Baum hoch ist. Vor Ihnen steht ein Lebewesen, dessen betastbares Äußeres durch die Rinde begrenzt ist, dessen Wesenheit jedoch weit darüber hinaus reicht. Was Sie mit den Au-gen sehen, ist der feststoffliche Körper des Baumes. Seine Energiekörper nimmt nur das «Dritte Auge» wahr, Ihre eigene Sensibilität im Umgang mit anderen Lebewesen.

Erst wenn es Ihnen gelingt, die für die Augen unsichtbaren Kraftfelder des Baumes, seine über die Aura hinaus sich ausbreitende Energiehülle anzuerkennen, nähern Sie sich dem Baum in dem Bewußtsein, nun in sein Lebensfeld einzutreten. Lassen Sie eine Folge guter Gedanken aufkommen: Wünschen Sie ihm ein gesundes Baumleben, Standfestigkeit im Sturm, Insekten, die seine Blüten bestäuben, Vögel, die sein Ungeziefer vertilgen, Sonne, die seine Blattknospen oder Nadeltriebe öffnet, Regen, der die Wurzeln tränkt und Menschen, die ihn hegen. Lassen Sie ihn wissen, daß Sie nichts Arges im Schilde führen, sondern daß Sie mit ihm ein Problem besprechen möchten.

Berühren Sie ihn. Fassen Sie ihn mit der Hand an oder umarmen Sie ihn oder lehnen Sie sich an seine Rinde. Sie können Ihre Stirn an seinen Stamm führen oder sich in seinem Schatten am Wurzelansatz niederlassen.

Spüren Sie nun, wie aus seiner Kraft – im Sinne der folgenden Kapitelinhalte – so viel auf Sie übergeht, wie Sie aufnehmen können. Verweilen Sie eine kleine Zeit und genießen Sie das Auftanken. Der Baum beschenkt Sie, und Sie spüren es.

Lenken Sie nun konzentriert Ihre Gedankenkraft auf den Symbolbegriff des Baumes. (Er ist als Kapitelüberschrift einprägsam formuliert.) Wenn andere Gedankenbilder Sie abzulenken versuchen, murmeln Sie das Wort wie ein Mantra wiederholt vor sich hin. Sprechen Sie es ohne Lippenbewegung immer wieder in Ihren Gedanken, z. B. «Strebsamkeit – Strebsamkeit – Strebsamkeit – Strebsamkeit», wenn Sie Ihre störende Trägheit, Ihre Unlust und Antriebsschwäche beendet sehen möchten.

Plötzlich kann es Ihnen wie Schuppen von den Augen fallen und Sie erkennen, daß nur Sie selbst Ihrer Strebsamkeit im Wege gestanden haben und wie spielerisch leicht es ist, für eine angestrebte Sache einmal alles übrige zurückzustellen. In diesem Augenblick hat der Baum «zu Ihnen gesprochen»!

Danken Sie ihm für die erhaltene Botschaft, die Sie zur Gedankenklarheit hingeführt hat und verabschieden Sie sich mit guten Wünschen. Zwischen Ihnen und dem Baum besteht ab jetzt eine erinnerliche Verbindung auf lange Zeit. Jederzeit später können Sie in Gedanken den Vorgang wiederholen und das Erlebnis wirksam erneuern. Auch aus der Ferne. Und irgendwann besuchen Sie ihn wieder, ihn oder einen anderen Baum mit vielleicht ganz anderer Symbolkraft.

Die Energiefelder und -hüllen, die jedes Lebewesen umgeben und die auch den Bäumen zuzusprechen sind, lassen sich geometrisch nicht messen. Sie sind in ihrer Ausdehnung zudem von verschiedenen Faktoren abhängig. Deshalb versteht sich die Abbildung auf Seite 18 nur als ungefähres schematisches Bild, als Hilfe für die eigene Vorstellung.

Wer mit seiner eigenen Vorstellungskraft jedem Baum eine oder mehrere solcher Hüllen zubilligen kann, wird sie bald auch zu respektieren wissen, und er spürt die Kraft, die vom Wesen des Baumes und weniger von seinem Holz ausgeht. Er kann die Information der Urzeiten wahrnehmen, die im Leben des Baums gespeichert ist. Er wird die Zusammenhänge der Baumbestandteile, der Wurzeln, des Stammes, der Äste und Zweige, der Knospen, Blätter oder Nadeln, der Früchte und Samen verstehen und deren Symbolkraft auch im einzelnen auf sich wirken lassen können. Er erlebt den Baum in seiner Ganzheit und sich selbst als Teil eines Ganzen.

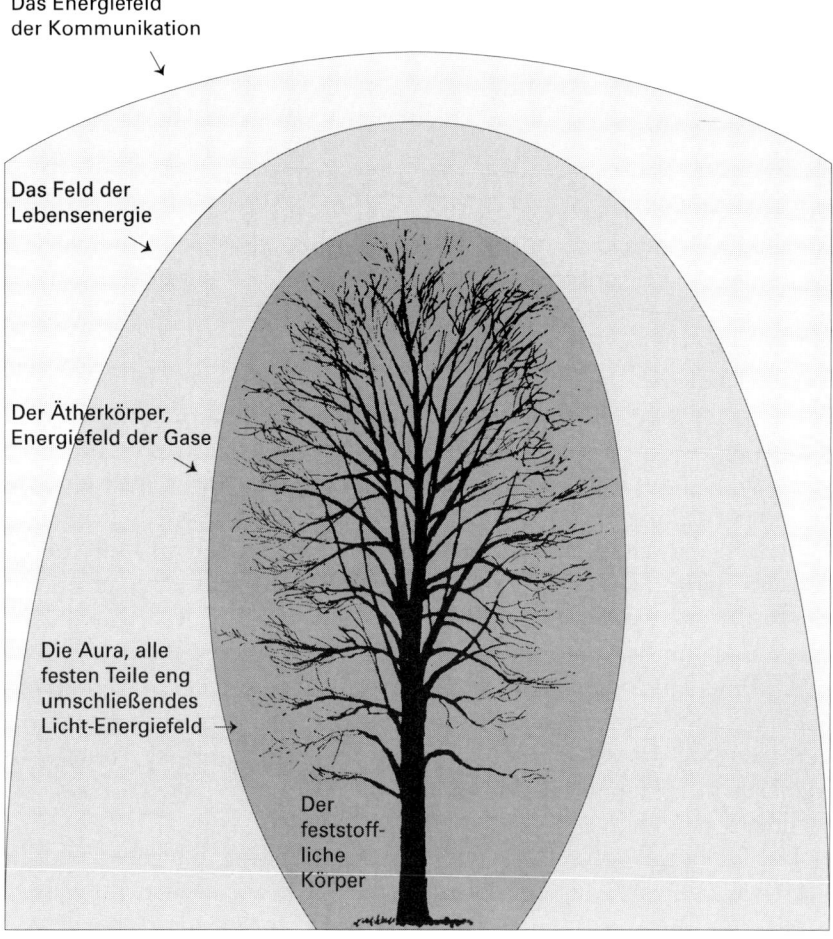

Der feststoffliche Baum und seine unsichtbaren Energiehüllen

Diese Ganzheit ist es letztlich, der die Kommunikation mit den Bäumen dient. Jedes einzelne «Baumkapitel» hat seinen Auftrag darin, einzelne erkennbare Störungen des «Ganz-seins» zu beheben. Und wer den Zusammenhang zwischen psychischen Belastungen und Gesundheitsstörungen oder zwischen innerem Frieden und Gesundheit kennt, weiß um die Bedeutung der Ganzheit, des Ganzseins, und nimmt das Angebot der Bäume an.

Die Symbolik der Baumbestandteile

Der Einstieg in die Kunst der Zwiesprache mit Bäumen beginnt bei der Symbolik der Baumbestandteile. Schon sie sprechen eine verstehbare Sprache: So stehen die *Wurzeln* sinnbildlich für die soziale Herkunft eines Menschen, für das Ansammeln der Lebenserfahrungen und für das Bemühen um den täglichen Lebensunterhalt. Sie symbolisieren jedoch auch die Verankerung im angestammten Lebensbereich und manchmal auch die Art und Weise, wie das Gewohnte festgehalten wird.

Abb. 1 Unterspülte Pappelwurzeln am Niederrhein

19

Die *Rinde* stellt unser Persönlichkeitsbild dar. Es zeigt, wie ein Mensch sein «Ich» und sein «Selbst» nach außen präsentiert. Das Wort «Person» stammt vom altlateinischen Begriff *per-sona*, einer frührömischen Bezeichnung für die Theatermaske. Später wurde das Wort zum Ausdruck für die (Theater-)Rolle und signalisiert im modernen Sprachgebrauch auch heute noch nichts anderes als die Rolle, die ein Mensch – im wahrsten Sinne dieses Wortes – spielt. So wie die Rinde fest zum Stamm gehört, ohne er selbst zu sein, gehört auch die Maske, die Rolle, das Persönlichkeitsbild zum Menschen, ohne er selbst zu sein.

Abb. 2 Pappelrinde

Der *Stamm* ist das Selbst eines Menschen, das *Mark* im Stamminneren das eigentliche Ich. In dieser Ausdeutung bedeutet das «Ich» alles, was im Kern, im Wesen eines Menschen ruht: Talente, Neigungen, Begabungen und ureigene Wesenszüge. Das «Selbst» stellt die innere Beziehung eines Menschen zu seiner Umwelt dar. Dazu zählen alle Entwicklungen, die einen Bezug zur Umwelt aufweisen, wie zum Beispiel alles Lernen, das Lehren, soziales Verhalten und Integration in die menschliche Gesellschaft.

Abb. 3   Buchenstamm im Spätherbst

Abb. 4 Eichengeäst

In den starken *Ästen* und den dünneren *Zweigen* eines Baumes bilden sich die größeren und kleineren Lebenserfolge ab, die Lebensereignisse und -erfahrungen, die Ausstrahlung des Selbst auf die Umwelt und die Entfaltung des Ich zu erkennbarer menschlicher Größe.

Betrachten Sie die *Blüten, Blätter und Früchte* als die Würze oder Süße des Lebens. Zudem stehen sie beispielhaft für den steten Wechsel von Vergänglichkeit und Erneuerung und für das Loslassen und Beschenken.

Abb. 5–7 Kirschblüten, Birken- und Ahornblätter, erntereife Äpfel

Abb. 8: Schmackhafte Samenfrüchte: Walnüsse

Die *Samen* versinnbildlichen das Bestreben, sich über das eigene irdische Leben hinaus körperlich, seelisch und geistig fortzupflanzen.

Nichts geht ohne Wasser. Und so wollen die *Säfte*, die jeden Baum von den Wurzelenden bis zur äußersten und höchsten Nadel- oder Blattspitze erfüllen, in Ihnen das Bewußtsein des ewigen Fließens, Strömens und Bestrebens von unten nach oben verbildlichen.

Abb. 9 Oben und unten in einem. Spiegelung auf nasser Märzwiese.

Kurzbeschreibungen der Baumarten

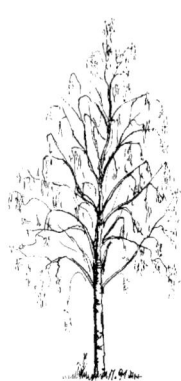

Birke
ca. 40 Arten
30 m, 120 Jahre
Ebene bis Hochgebirge
Zier- und Alleebaum
Heimat EU und NA

Ginkgo biloba
40 m, 400 Jahre
Schmuckbaum
älteste Baumart der Welt
Stadtbaum
Heimat China

Korbweide
6 m, 80 Jahre
Niederungen, Naßstellen
Uferbewuchs, oft wild
Heimat EU und A

Fichte
mehrere Arten
50 m, 600 Jahre
Ebene bis Hochgebirge
Forstbaum, Wälder
Heimat EU und A

Lebensbaum
20 m, 150 Jahre
Parks, Friedhöfe
Schmuckbaum
Heimat NA

Erle
mehrere Arten
35 m, 120 Jahre
an Bächen, Flüssen, Seen
meist wild wachsend
Ebene bis Mittelgebirge
Heimat EU und West-A

Tanne
wenige Arten
60 m, 600 Jahre
Mittelgebirge
Forstbaum, Wälder
Heimat EU und A

Salweide
mehrere Arten
12 m, 80 Jahre
an Bächen, Flüssen, Seen
meist wild wachsend
Heimat EU und A

Linde
wenige Arten
40 m, 100 Jahre
Ebene bis Gebirge
Zier- und Schmuckbaum
Heimat EU

Apfelbaum
wenige Wildarten,
zahlreiche Zuchtsorten
6 m, 60 Jahre
weltweit Obstanbau

Robinie
30 m, 120 Jahre
Wohngebiete
Stadtbaum
Heimat NA

Serbische Fichte
35 m, 120 Jahre
Zier- und Schmuckbaum
Heimat Serbien

  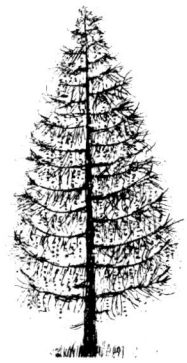

Pappel
mehrere Arten
35 m, 60 Jahre
Talmulden
Schmuck-, Allee- und
Windschutz-Baum
weiches Holz
Heimat EU

Eiche
wenige Arten
50 m, 1000 Jahre
Ebene bis Gebirge
Forst- und Zierbaum
Heimat EU und Ost-NA

Lärche
50 m, 400 Jahre
Tiefebene bis Hochgebirge
Forst- und Schmuckbaum
sommergrüner Nadelbaum
Heimat EU

Ahorn
wenige Arten
30 m, 400 Jahre
Ebene bis Gebirge
Zier- und Alleebaum
Heimat EU und A

Kiefer
mehrere Arten
40 m, 600 Jahre
Tiefebene bis Hochgebirge
Forstbaum, Heidewälder
Heimat EU und A

Kastanie
mehrere Arten
30 m, 300 Jahre
Wohngebiete
Zier- und Schmuckbaum
Heimat Balkan

Trauerweide
25 m, 100 Jahre
Wohngebiete
Zier- und Schmuckbaum
weiches Holz
Heimat EU und A

Buche
40 m, 250 Jahre
Ebene bis Mittelgebirge
Forstbaum
Blutbuche nur Zierbaum
Heimat EU

Libanon-Zeder
40 m, 3000 Jahre
Ebene bis Gebirge
Parkanlagen
Zier- und Schmuckbaum
sehr wertvolles Holz
Heimat Libanon

Himalaja-Zeder
40 m, 400 Jahre
Wohngebiete
Vorgärten, Parks
Schmuckbaum
Heimat Indien

Atlas-Zeder
40 m, 300 Jahre
Wohngebiete,
Vorgärten, Parks
Schmuckbaum
Heimat Nord-Afrika

Mammutbaum
80 m, 4000 Jahre
Ebene bis Mittelgebirge
in EU Schmuckbaum
in NA Forstbaum
Heimat NA

Teil 2
Die Botschaft der Bäume in Lebensfragen

Ich empfinde mich heute abgestumpft, glanzlos, verkrustet, alt und verstaubt. Ich wünsche mir mehr ...

Reinheit und Frische

Kennen Sie den Unterschied zwischen einem Blinden und einem Betriebsblinden? Der Blinde weiß um seine Blindheit, der Betriebsblinde ahnt nichts von seinem Zustand. Er findet erst dann zu neuen Wegen, wenn sich Altes und Überkommenes als ausweglos erweisen.

Ein Erlebnis, ein Gespräch oder die Lektüre eines Buches können zuweilen genügen, daß Licht in die Finsternis kommt, alte Wege neu beleuchtet werden und uns die eigene Abgestumpftheit bewußt wird.

Mut zu neuen Wegen! Das ist die Sprache der Birke. Deshalb führt sie die Reihe der Baumkapitel an. Sie erhält diesen Platz zum Zeichen dafür, daß vor dem Ansinnen, Lebensgewohnheiten oder überkommene Einstellungen zu ändern, zunächst Reinheit und Frische durch Bereinigung und Mut zur Erneuerung notwendig sind.

Ob die Birke als Baum mit der «weißen Weste» oder als Baum «im Brautkleid» angesehen wird, stets vermittelt das Weiß die Empfindung von Reinheit und Frische, Unberührtheit und Makellosigkeit. Niemand kann, wenn er die unguten Lebensgewohnheiten beibehält, nur durch Einnahme von Medikamenten eine Gesundheitsstörung auf Dauer beenden. Ebenso kann die Frage nach Lebensverbesserungen auch nur dann zu einer befriedigenden Antwort führen, wenn sich die Bereitschaft einstellt, alte Denkmodelle und starre Vorstellungen kritisch zu hin-

Abb. 10   Maigrüne Birken am Sorpesee. Sauerland

terfragen und neue Bilder in Gedankenklarheit, Reinheit und Frische zuzulassen.

Jedes Festhalten an vorgeprägten oder übernommenen Gedankenbildern, jedes Klammern am einmal Bewährten, behindert den Zugang zu
neuen Erfahrungen. Deshalb gilt es zunächst zu lernen, den Innenhof des
«Ich» und den äußeren Hof des «Selbst» auszufegen, alten und vertrauten
Unrat wegzukehren und Raum und Platz zu schaffen für Unvoreingenommenheit und Gedankenbilder in verstehbarer Klarheit.

Reinheit und Frische im Kopf, Mut zu Erneuerung im Geist und in der
Seele, Loslassen von Gedankenwirrwarr, Vorurteilen, alten ‹Überzeugun-
gen› und Zulassen von Neuem, Anderem, Ungewohntem führen zur Auf-
nahmebereitschaft für wertvolle Erfahrungen und Erkenntnisse.

Alle Erfindungen dieser Welt beruhen auf dem Mut einzelner, Über-
brachtes, Vertrautes und Bewährtes doch einmal zu untersuchen und von
Grund auf neu zu überdenken. Hierin liegt die Kernaussage der Birke.

Versuchen Sie zu erspüren, was Ihnen die Rollen, die Sie im Leben spielen, im tiefsten Inneren tatsächlich bedeuten. Ertragen Sie es, sich selbst –
und nur vor sich selbst – auf die «absolute Richtigkeit» Ihres Denkens und
Handelns hin zu prüfen? Wie vieles oder wie weniges von dem, was Sie
darstellen, paßt wirklich zu Ihnen? Wo ist Ihr Glanz?

Abstumpfungen und Verkrustungen an sich selbst wahrzunehmen mag
schmerzen. Doch schon das neue, aufkeimende Bewußtsein ist ein Zeichen
der Aufmerksamkeit gegenüber dem Hilferuf des Ich. Das Ich möchte stets
in innerem und äußerem Einklang mit dem Selbst stehen. Und da das
Selbst wandelbar ist, können unmerklich Abweichungen auftreten. Diese
Abweichungen zwischen dem Ich und dem Selbst sind die Ansatzpunkte,
an denen der Glanz nachläßt, die Abstumpfung einsetzt und sich die Verkrustungen einlagern.

Diese können wir beseitigen, wenn es uns gelingt, das Ich und das Selbst
wieder in Harmonie zu bringen und neue Erkenntnisse zuzulassen. Das ist
Bereinigung. Die Frische stellt sich durch die neuen Erfahrungen wie von
selbst ein.

Reinheit und Frische, die Symbolbegriffe der Birke, und der Wunsch
nach Gedankengängen in Klarheit und Unvoreingenommenheit sind
wichtig auch für das Verständnis der folgenden Kapitel. Die Offenheit gegenüber ungewohnten Betrachtungen «vertrauter» Probleme, die Sie mit
Hilfe der verschiedenen Baumkapitel angehen werden, kann eine Folge
dieses Kapitels über die Birke sein.

Die nächste schön gewachsene Birke, die Sie mit Gedanken an Ihre
eigene innere Reinheit und Frische betrachten werden, sollten Sie zu «Ih-

Abb. 11 Vorfrühling. Birkenhain bei Köln

rer» Birke erklären. Freunden Sie sich mit ihr an, beschauen Sie sie von weitem und aus der Nähe, ihren Stamm, die Äste und Zweige, im Sommer auch das Blattwerk oder im Herbst die Samenkätzchen. Gehen Sie zu ihr hin, berühren Sie sie. Sie befinden sich bereits in ihren Energiefeldern. Sprechen Sie sie an, mit oder ohne hörbare Sprache. Sie wird Ihnen ab jetzt und für eine ganze Weile Ihr Symbol für Reinheit und Frische sein. Sie wird Sie in Ihren Gedanken begleiten und Sie werden sich öffnen für neue Erkenntnisse und Ideen. Was gestern noch gut war, kann morgen schon durch Besseres, Neues und Frisches ersetzt sein. Abgestumpftes lernt wieder glänzen.

Und in jedem Frühjahr, wenn Sie die ersten Birken ergrünen sehen, werden Sie sich die Frage nach der eigenen Reinheit und Frische erneut wieder stellen. Die Birken antworten.

*Ich empfinde mich heute angepaßt, abgeschliffen, einge-
engt, abhängig. Ich wünsche mir mehr …*

Selbstverwirklichung

Anpassung oder Einordnung? Mit dieser Frage
soll zunächst Klarheit über die wahrgenommene
Empfindung gesucht werden.

Die Einzelteile eines Puzzlespiels besitzen ihre
unveränderbare äußere Form und die vorgegebe-
ne Oberfläche als Teil eines Gesamtbildes. Wohl
niemand würde auf die Idee verfallen, Teile eines
Puzzles mit Schere und Malfarbe so zu verändern,
daß sie am falschen Platz bereits passend einge-
legt werden können. Jedes Teilchen will so, wie
es ist, eingeordnet werden. Anpassung würde das
ganze Spiel verderben. Und was für das Puzzle-
spiel gilt, läßt sich analog auf das menschliche
Zusammenleben übertragen:

Einordnung in gesetzmäßige Gegebenheiten
versteht sich noch nicht als Anpassung. Einordnung setzt vielmehr die unverfälschte Ganzheit
voraus, Anpassung hingegen stellt sich als Veränderung dar, als Einengung, als Angleichung,
als Beschneidung des Selbst. Bestehende Ordnungen zu sprengen erzeugt Konflikte bis hin
zum Chaos. Bestehende Anpassung (im Sinne
dieses Kapitels) zu beheben bedeutet hingegen,
die Ganzheit des Ich und des zwischenmensch-
lich gebundenen Selbst zuzulassen und innerhalb
bestehender Ordnungen einzubringen.

Der Baum, der sich für die Darstellung der
echten Selbstverwirklichung am besten eignet,
ist der Ginkgo biloba, die wohl älteste heute exi-
stierende Baumart. Seit über zweihundert Millio-

nen Jahren bevölkert dieser Baum die Erde. Er hat die früheren Eiszeiten, die die Weltvegetation jeweils nachhaltig veränderten, im Südosten Chinas überlebt, ohne seine botanische Besonderheit den wechselnden Zeiten anzupassen. Die Blätter des Ginkgo-Baumes sind in Form eines kleinen Fächers geädert. Diese Art der Äderung läßt die Biologen vermuten, daß sich das Blatt ursprünglich aus einer seitlichen Verwachsung von Nadeln entwickelt hat. Unter diesem Aspekt stellt der Ginkgo biloba im Verlauf der frühesten Evolution ein Bindeglied im Übergang von den Nadel- zu den Laubbäumen dar.

Schon im alten China wurde er als heiliger Baum verehrt und in Klöstern und Tempelanlagen angepflanzt und gehegt. Erst Anfang des 18. Jahrhunderts gelangte er nach Europa. Hier sieht ihn die wissenschaftliche Umweltforschung als den City-Baum der Zukunft an, weil ihm Umweltverschmutzung und Abgase wie auch Baumschädlinge wenig anhaben können. Eine Anpassung durch züchterische Einkreuzung ist nicht notwendig. Er braucht die Menschen nicht, selbst ist der Baum!

«Selbst ist der Mensch!» Im Selbst ruht und wirkt das Ich. Es strebt nach einer Entwicklung des Selbst im Rahmen der Möglichkeiten in den bestehenden Umwelt- und Kommunikationsbereichen. Im Sinne der Einordnung, nicht der Anpassung, strebt das Ich nach Entwicklung und Entfaltung der Individualität. Begabungen, Neigungen und Talente möchten sich offenbaren: im Beruf, in der Kunst, in Freizeitbeschäftigungen; es sucht Anerkennung und Wertschätzung im Umgang mit den Mitmenschen und möchte am Ende des Lebens mit dem Selbst voll und ganz übereinstimmen.

Der Weg zur Selbstverwirklichung führt über bemerkenswerte Stufen:

Selbstdarstellung
Selbsterkenntnis
Selbstbesinnung
Selbstfindung
Selbsterfahrung
Selbstbewußtsein
Selbstvertrauen
Selbstwertgefühl und
Selbstverwirklichung.

Diese Begriffe lassen sich so erklären:

1. Selbstdarstellung
Wie präsentiere ich meine Persönlichkeit nach außen? Was davon ist über-

Abb. 12 Fast turmhoher Ginkgo biloba. Schloßhotel Lerbach, Bergisch Gladbach

trieben oder stimmt nicht mit meinem Ich überein? Die Selbstdarstellung schult den einzelnen darin, für seine Individualität die entsprechende äußere Form zu suchen.

2. Selbsterkenntnis

Durch die Beachtung der Reaktionen anderer gewinnen wir einzelne Erkenntnisse über unser Selbst. Diese Erkenntnisse können zu Verhaltensänderungen führen, ohne daß sie von anderen Menschen gefordert werden.

3. Selbstbesinnung

Sie macht auf das Ich aufmerksam: Neben der Beachtung aller angelernten Verhaltensregeln hat die eigene Individualität immer im Vordergrund zu stehen; nur so kann Anpassung vermieden werden.

4. Selbstfindung

Sie umfaßt alle Bemühungen und Versuche, sich von anderen individuell abzugrenzen und eigene Wertmaßstäbe gelten zu lassen.

5. Selbsterfahrung

Sie meint jene Erkenntnisse, die ausschließlich durch eigenes Erleben gewonnen werden. Schon im Wort selbst liegt ja der Stamm «fahren» im Sinne von «sich-irgendwohin-begeben» und macht deutlich, daß nur eigene Wahrnehmungen und Erlebnisse zu wirksamen Er-fahr-ungen des Selbst führen können.

6. Selbstbewußtsein

Auf der Basis der gewonnenen Erkenntnisse glaubt ein Mensch, in seiner Umwelt einen ganz bestimmten Stellenwert zu besitzen. Dies bezeichnen wir als Selbstbewußtsein.

7. Selbstvertrauen

Es kann nur auf der Grundlage eines gesunden und ausgewogenen Selbstbewußtseins gedeihen und verleiht dem einzelnen die Sicherheit, mit seinen Verhaltensweisen problemfrei zu leben.

8. Selbstwertgefühl

Es befreit den Menschen von den Wertmaßstäben anderer und bietet über das Selbstvertrauen hinaus das Gefühl, «wert», im Sinne von wertvoll oder werthaltig, zu sein.

Abb. 13 Herbstfärbung der Ginkgo-biloba-Blätter

9. *Selbstverwirklichung*

Die Selbstverwirklichung kann, wie bereits angedeutet, in einzelnen Lebensbereichen erlangt werden: z.B. bei einer starken Konzentration, bei einer künstlerischen Tätigkeit, bei sportlicher Höchstleistung, in der offenen Kommunikation mit anderen. Sie kann aber auch für ein ganzes Menschenleben erzielt werden: Wenn irgendwann alle äußeren Werte wie Besitz, Ansehen, Macht, Ehre oder Ruhm als vergängliche Leihgaben entlarvt werden, kann das Ich auf der höchsten Entwicklungsstufe stehen.

Hoffentlich finden Sie bald einen Ginkgo-biloba-Baum, um unter seinem Blätterdach die neun Stufen Ihres Selbst zu überdenken. Lassen Sie dabei aber auch die Erkenntnis zu, daß Sie sich in allen Stufen bereits zu einem Teil wiederfinden. Niemand ist immer und nur angepaßt! Machen Sie den Ginkgo biloba zu Ihrem «heiligen Baum der Selbstverwirklichung». Er wird Sie gern ein Leben lang begleiten.

Ich empfinde mich heute unzufrieden, übergangen, verkannt. Ich wünsche mir mehr …

Bescheidenheit

Zwei Heilmittel helfen gegen Unzufriedenheit. Das eine heißt Erfolg, das andere Bescheidenheit. Erfolg läßt sich anstreben, Bescheidenheit läßt sich einüben.

Der Volksmund sagt: «Bescheidenheit ist eine Zier, doch weiter kommt man ohne ihr.» Frage ist nur, wie viel weiter. Und Frage ist auch, wie weit am Ende dann doch der Erfolg und das gesetzte Ziel auseinanderklaffen. Denn ohne Bescheidenheit wird jeder Teilerfolg noch als Mißerfolg eingestuft und der Unzufriedenheit Raum gegeben.

Bescheidenheit bedeutet, mit dem auszukommen oder das zu akzeptieren, was jemandem, woher auch immer, beschieden ist. Die Annahme des «Bescheides» in Stille und Gelassenheit hebt Unzufriedenheit auf.

Ein rar gewordener Baum steht für die immer seltener werdende menschliche Eigenschaft der Bescheidenheit. Es ist die Korbweide. Sie wächst zwar in ganz Europa und in Asien in den Niederungen der Flußlandschaften, wird jedoch in den Industrieländern immer mehr verdrängt. Sie ist der Baum, aus dem Weidenruten für die Herstellung der Korbwaren geschnitten werden. Die zunehmende Verbreitung von Kunststoff-Produkten läßt den Gebrauchsgegenständen aus Korbmaterial heute kaum mehr als den Spielraum nostalgischer Liebhaberei. Nicht wesentlich anders scheint es um die Bescheidenheit vieler konsum- und erfolgsorientierter Mitmenschen

41

bestellt zu sein. Der Anblick einer Korbweide birgt stets etwas Rührendes: Da steht ein kleiner, niedriger Baum mit knorrigem Stamm, trägt keine nennenswert verzweigten Äste und treibt nur am Kopf schlanke Ruten aus. Ein «Möchte-gern-Baum»?

Ist nicht der Stammkopf mit seinen Ruten vergleichbar mit einem Hirn voller sprießender Ideen, Gedanken und Träume, die sich nie in wirkliches Geschehen, in Erfolg und Anerkennung umsetzen? Könnte das ein Grund Ihrer Unzufriedenheit sein? Falls ja, seien Sie dennoch unbesorgt! Alles auf der Welt hat seinen Sinn. Alle Gedanken, alle Worte, alle Taten und alle Gaben wirken über den Augenblick hinaus und dienen einerseits dem großen Ganzen und andererseits dem Weg zur Selbstverwirklichung. Nur der freiwillige Verzicht auf Anerkennung und Lob verdient das Prädikat der Bescheidenheit.

Wirken in Stille und Unauffälligkeit steht deshalb gleichwertig neben dem Offensichtlichen, und wer seinen Platz in der Welt kennt und annimmt, steht auf dem richtigen Platz, auf wirklich seinem Platz.

So wie die Korbweide nie im Wald, nie in der beengenden Gesellschaft anderer Bäume, nie hoch oben auf einem Berg, sondern nur im Tiefland oder in freien Auen offener Täler gedeiht, und zwar alleinstehend, so können auch Sie Ihren Lebensstandort erkennen und annehmen und sich am Freiraum erfreuen, der Sie umgibt.

Diese Annahme des eigenen Standortes in Bescheidenheit macht letztlich die wirkliche Größe aus. Aus der Frage nach dem «Möchte-gern-Baum» erwächst die Antwort: Kleinheit birgt Größe!

Diese Erkenntnis kann Sie bei einem seelischen Tief oder einer quälenden Unzufriedenheit anregen, die eigene Seinsform beim Anblick einer Korbweide zu überdenken und eigene Bescheidenheit einmal als Stärke und Größe einzustufen.

Menschen, die immer mehr von dem anstreben, was sie schon aufweisen können, werden stets, im Wissen um ihre Unvollständigkeit, unzufrieden bleiben.

Vergegenwärtigen Sie sich Menschen aus Ihrem Bekanntenkreis. Darunter werden Sie manche finden, die weniger darstellen und weniger besitzen als Sie, Menschen, die weniger aus ihren Leben machen können als Sie. Darunter werden einige Zufriedene sein, nämlich die Bescheidenen. Vielleicht werden gerade sie von jenen beneidet, denen scheinbar alles zufällt und die doch immer noch unzufrieden sind.

Es mag Sie Mühe kosten, in Ihrer heimischen Gegend eine Korbweide zu finden. Suchen Sie sie im ländlichen Flachland in den Flußniederungen. Öffnen Sie sich für das Gefühl, Bescheidenheit als Größe zu erfahren, und

Abb. 14 Korbweide im Vorfrühling

sprechen Sie mit niemandem darüber. Auch das zählt zur Bescheidenheit. Auf dieser Ebene werden Sie neue Impulse für neue Tatkraft gewinnen, vielleicht neue Wege für ältere Vorhaben finden und in aller Bescheidenheit und frei von Anerkennungs- oder Geltungsbedürfnis Ihre Kreise ziehen.

Die Korbweide als Symbol für die Bescheidenheit hat ihren Platz deshalb unmittelbar hinter der Abhandlung über die Selbstverwirklichung erhalten, weil alles Bestreben um das Selbst nur dann erfolgreich sein kann, wenn die Ziele dem Ich entsprechend bescheiden gesteckt und Teilerfolge auch als Erfolge gewertet werden. Das ist die Sprache der Korbweide.

Abb. 15   Korbweiden bevorzugen regelmäßig überflutete Standorte

Ich empfinde mich heute unausgeglichen, einseitig orientiert. Ich wünsche mir mehr . . .

Ausgeglichenheit

In der esoterischen Psychologie ist immer häufiger der aus der Philosophie des Yoga stammende Ausdruck der «inneren Mitte» zu finden. Seine innere Mitte suchen, in seiner inneren Mitte leben, bedeutet soviel wie «in sich ruhen», ruhig und gelassen und aufrecht in der Welt stehen.

Der Baum zur Verdeutlichung dieser Haltung ist die Fichte.

Gesund und ebenmäßig gewachsen, allein stehend oder im dichten Wald, verfügt sie stets über einen aufrechten geraden Stamm, und ihre Äste und Zweige sind in beliebiger Höhe über dem Boden nach allen Seiten etwa gleich lang und gleich stark ausgebildet. Sie steht damit in statischem Gleichgewicht und benötigt zur Verankerung in der Erde nur einen Wurzelteller von wenigen Metern Durchmesser und geringer Tiefe. Wie wir es nur bei wenigen Bäumen beobachten können, stellt ihre Stammachse zugleich ihre statische Längsachse dar, die gerade Verbindung vom Mittelpunkt des Stammfußkreises zum Wipfel. Der Baum steht in einer stabilen Ausgeglichenheit.

Sie empfinden sich heute unausgeglichen? Wie sehen Sie Ihre eigene Stammachse? Die Linie von Ihren ‹Wurzeln› bis zum Wipfel des heutigen Tages, an dem Sie diesen Abschnitt lesen. Die ausgeglichen langen Fichtenäste und -zweige sorgen für die äußere Balance des Baumes. Wie gleichmäßig finden Sie Ihre Verästelungen und

Abb. 16 Fichte im Karwendelgebirge

Verzweigungen im Inneren und Äußeren? Drei Bereiche verlangen den Menschen zeitlebens den höchsten Gedankenaufwand ab. Es sind dies die Sexualität mit ihrem ganzen Umfeld, der berufliche Werdegang und die Bemühungen um Wohlstand. – Ausnahmen mögen die ‹Regel› bestätigen.

Alle drei Bereiche, Sexualität, Karriere und Lebensstandard, sind, jeder für sich, vielschichtig unterteilbar. Und jeder der drei Bereiche kann entweder in großer Lebensfreude ausgelebt werden oder aber im Falle des Mangels Sorgen und Kummer bereiten. Und sie vermögen einzeln oder zusammen zur Wirkung zu kommen, als Erleben oder als Mangel.

Wie sehen Sie Ihre «innere Mitte» unter dem Aspekt dieser drei Lebensbereiche? Hielten oder halten sich in Ihrem Leben die wichtigsten «Äste und Zweige», für die Sie sich angestrengt haben, in einem ebenso ausgewogenen Gleichgewicht wie die Äste einer Fichte?

Zwar setzt das Leben immer wieder einzelne Schwerpunkte: Eine neue Liebe vermag im ersten Taumel die Gedanken um Beruf oder Lebensstandard zu verdrängen; ein Berufswechsel oder eine Beförderung kann zeitweise die anderen Belange überdecken, und ein hoher Lebensstandard muß nicht unbedingt Liebesglück oder berufliche Anerkennung mit sich bringen. Noch deutlicher wird die Unausgewogenheit bei Liebesverlust, Verlust des Arbeitsplatzes oder der Habe. Dann kreist das ganze Denken plötzlich nur noch um den einen Verlust. Dann wird Unausgeglichenheit spürbar.

Stellen Sie sich an dieser Stelle einen Menschen mit einem liebevollen, erfüllenden Sexualleben und einem katastrophalen Kontostand bei der Bank vor. Oder umgekehrt. Oder mit einem hohen Lebensstandard, aber ohne berufliche Anerkennung. Oder umgekehrt. Oder mit einer steilen Karriere in guter Position, aber partnerlos in seelischer Vereinsamung. Oder umgekehrt. Alle Soll- und Haben-Begriffe dieser Art sind untereinander austauschbar.

Fragen Sie nun einmal tief in sich hinein, welcher der drei großen Lebensbereiche Ihnen unausgefüllt erscheint. Wo finden Sie die Schwachstellen, die Sie am meisten quälen? Und was können Sie tun, um sie zu stärken?

Vielleicht lesen Sie nach diesem Kapitel auch die Kapitel über die Sinnlichkeit (Apfelbaum), über die Strebsamkeit (Pappel) oder über die Lebensfülle (Kastanie). Vielleicht blättern Sie auch noch einmal zurück zum Kapitel über die Bescheidenheit (Korbweide).

Unausgeglichenheit zieht nicht selten Unruhe nach sich. Das Bewußtsein eines Mangels kann sogar Hektik auslösen, und schon beginnt ein Teufelskreis: Die Beseitigung des Mangels zieht alle Aufmerksamkeit auf sich, und nichts ändert sich.

Abb. 17 Fichten bei Sonnenaufgang. Bergisches Land

Gelassenheit und Ruhe und das Bewußtsein für die ständigen und unbe-einflußbaren Veränderungen im Leben wirken dem entgegen. Nichts bleibt, wie es heute ist.

Betrachten Sie eine Weile das nebenstehende Bild: ein Fichtenwald am frühen Morgen. Während den vielen Stunden der zurückliegenden Nacht war ihm alles gegeben, was er zum Leben brauchte, nur nicht das Licht. Und nun kommt es ohne Zutun, ganz von alleine, wieder.

Auf der Suche nach Ihrer eigenen «inneren Mitte» wünsche ich Ihnen eine freistehende, ebenmäßige Fichte als Ansprechpartnerin. Treten Sie in das Feld ihrer Lebensenergie und lassen Sie den Eindruck von Ausgewo-genheit als Hinweis auf Ihr eigenes Bemühen um Ausgeglichenheit auf sich wirken. Schätzen Sie auch einmal das Alter des Baumes. Es mag Sie an Geduld und Gelassenheit erinnern.

Ich empfinde mich heute neidisch, mißgünstig, eifersüch-
tig. Ich wünsche mir mehr ...

Eigenständigkeit

Neid, Mißgunst und Eifersucht – welche quälen-
de Eigenschaften für jemanden, der sich ihrer bewußt wird und sie nicht abschütteln kann! Es
sind Leidenschaften, die den Betroffenen krank
machen können.

Erlauben wir uns einen Rückblick:

«Der Schöpfer ließ aufwachsen aus der Erde
allerlei Bäume, verlockend anzusehen und gut
davon zu essen und den Baum des Lebens mitten
im Paradiesgarten Eden und den Baum der Erkenntnis des Guten und des Bösen.» (Gen 2,9)

Zwei besondere Bäume also, der Baum der Erkenntnis, dessen Früchte dem Menschen verbo-
ten waren, und der Baum des Lebens. Über das
Verbot, durch den Verzehr der Frucht Erkenntnis
zu erlangen, setzten sich die Menschen hinweg
und verloren ihren Platz im Paradies. Ihnen blieb
nur das Leben. – Der Lebensbaum blieb unberührt. –

Welche Erkenntnis aber hatten Eva und
Adam, die Symbolfiguren für Weibliches und
Männliches in der Gemeinschaft, denn nun ei-
gentlich gewonnen? Sie erkannten zunächst nur,
daß sie nackt waren, und bekleideten sich. Damit
war die erste äußerliche Abgrenzung des Ich vom
Du erkennbar geworden: Kleidung als Begren-
zung des Selbst, das Hemd wird zum Zaun!

Würden alle Menschen ihre selbstgesetzten
Zäune nicht nur gegen ihre Nachbarn, sondern
auch für sich selbst gelten lassen, so gäbe es den

neidvollen Blick über den Zaun, den Blick in Nachbars Garten, den Seitenblick auf Sein und Haben der Mitmenschen, nicht.

Der paradiesische Baum des Lebens blieb unversehrt. Von ihm zu naschen hätte den Menschen die Unsterblichkeit gebracht. Statt dessen jedoch steht ein Brudermord aus Neid am Anfang der weiteren Berichte: Landbauer und Viehzüchter, bekannter als Kain und Abel, klären die Frage nach dem Wert ihres Opfers auf ihre Weise: Kain tötet Abel, weil dessen Opfer ihm gottgefälliger erschien.

Mit diesem mythischen Bericht verankerten die Verfasser der alten Schriften den Neid ganz vorne in der Menschheitsgeschichte. Damit sollte wohl dargestellt werden, daß der Neid am Anfang allen Streitens steht – wie es die Psychologie heute denn auch beweist.

Neid ist damit entlarvt als die Urform aller Konflikte. Und wenn in einer alten ägyptischen Bildertafel steht «Der Mensch raubt, was er benötigt», dann bedeutet das Wort «rauben» darin soviel wie «sich nehmen, was den Neid erregt». Aus Neid entsteht Konkurrenzkampf, Mißgunst und Eifersucht. Aus Neid wird gelogen, gestohlen und gemordet.

Neid ist die Ursache für den Streit der Kinder im Sandkasten, für Zank und Zwist in Partnerschaften, für Generationenkonflikte, aber vor allem auch für die Kriege politischer Mächte im Kampf um Öl und Erz und Weideland. Daran hat sich in Tausenden von Jahren nicht das geringste geändert.

Und doch hat jeder einzelne die Möglichkeit, sich mit seinem eigenen Neidverhalten auseinanderzusetzen und zu prüfen, wie weit Neid seine Verhaltensweisen beeinflußt oder gar steuert. Die erste «Prüfungsfrage» könnte lauten: versuche ich mein Leben nach meinen eigenen Maßstäben auszurichten oder will ich erreichen, was andere vorzuweisen haben? Schaffe ich es, meinen Betrieb, meinen Hof, meinen Haushalt zu bewirtschaften, ohne ständig die Werte des Nachbarn zu beäugen? Kann ich mich auf dem Weg zu meiner Selbstverwirklichung auf mich selbst und den Antrieb meines Ich allein verlassen, oder muß ich mich an anderen Menschen orientieren? Kreativ werden oder nachahmen?

Schauen wir nach, was der Baum dazu meint! Der für dieses Kapitel ausgewählte Lebensbaum steht hier nicht nur wegen seines wohlklingenden und beziehungsvollen Namens, sondern auch als Beispiel für Eigenständigkeit, denn meistens wird er einzeln gepflanzt. Er ist kein Baum der heimischen Wälder, sondern findet sich meist freistehend in Parks und Baumanlagen. Damit kann er an die Eigenständigkeit erinnern, die Sie heute vielleicht an sich selbst vermissen.

Wenn Sie also Neid, Mißgunst oder Eifersucht in sich verspüren, dann

Abb. 18 Markante Silhouette des Riesen-Lebensbaumes

stehen Sie nicht in Ihrer inneren Mitte (siehe: Fichte). Sie suchen etwas, das anderen beschieden ist (siehe: Korbweide) und woran auch Sie teilhaben möchten. Der Lebensbaum kann Ihnen den Wert Ihres Menschenlebens in neidfreier Unabhängigkeit von den Werten anderer verdeutlichen. Dafür steht er aufrecht und gerade. Er kann bis über vierzig Meter hoch werden.

Immer wenn Sie einen großen Lebensbaum erkennen, er wird auch Riesen-Lebensbaum genannt, fragen Sie sich, wer heute, wer gestern oder vorgestern Ihren Neid erregt hat, Sie zu mißgünstigen oder eifersüchtigen Gedankenbildern verführt hat, wem Sie mal wieder über den Zaun geschaut haben …

Wünschen Sie dann jedem, den Sie zuvor noch beneideten oder der Ihre Eifersucht erregte, mit dem glücklich zu werden, was er hat; wünschen Sie es auch sich selber. Die Fähigkeit, sich auf die Eigenständigkeit des Selbst zu besinnen, befreit von den störenden, ja mitunter quälenden Bildern, die der Neid hervorruft. Besinnen Sie sich auf sich selbst, auf Ihren eigenen Stand, dann erkennen Sie Eigenständigkeit. Jeder Lebensbaum, der Ihnen in der Folge begegnet, wird Sie an diese Aufforderung erinnern und Ihnen helfen, neidfrei zu leben.

Abb. 19 Mächtiger Lebensbaum im Stadtbild Bensberg

Ich empfinde mich heute zutiefst enttäuscht, depressiv und deprimiert. Ich wünsche mir mehr ...

Zuversicht

«Kalte Füße haben» ist ein volkstümlicher Ausdruck für Angst und Unbehagen. Angst und Unbehagen treten immer dann auf, wenn sich irgend etwas in der Umwelt anders als erwartet darstellt. Erfüllt sich eine zuvor gesetzte Erwartung nicht, dann gesellt sich zu Angst und Unbehagen die Enttäuschung hinzu. Die Wirklichkeit holt die Erwartung ein und deckt sie als Täuschung auf.

Die Erle, gern an einem dauerfeuchten Standort an Flußläufen, See- und Teichufern oder in Niederungen und nassen Auen, zeigt mit ihrem im kalten Naß verankerten Wurzelballen, daß auch der Stand auf «kalten Füßen» genügend Raum für Hoffnung und Zuversicht läßt und daß gerade Angst und Enttäuschung auch die erkennbaren Merkmale für einen – vielleicht späten – Neubeginn sein können.

Viele Menschen kennen keine Erlen, obwohl diese Baumart mit ihren verschiedenen Unterarten (Schwarz-, Rot-, Grau- und Grünerle) sehr verbreitet ist. Erlen gedeihen in ziemlicher Unscheinbarkeit und Anonymität. Wenn andere Bäume im Frühjahr schon in voller Blüte stehen oder bereits ihren Blätterschmuck entfaltet haben, steht die Erle noch kahl und unbelaubt, ja, sie trägt sogar noch die kleinen Fruchtzapfen des Vorjahres.

Nach menschlich-naiver Vorstellung müßte sich die Erle zuweilen vorkommen wie jemand,

Abb. 20 Typische pyramidenförmige Silhouette der Erle

der zeitweise im Stillstand lebt und mit den raschen Entwicklungen seiner Umwelt nicht Schritt halten kann, der die Fortschritte der anderen um sich herum wahrnimmt und doch enttäuscht in Unbehagen und Angst zurückbleibt.

Im letzten Satz war wieder das Wort «enttäuscht» zu finden. Verlassen wir deshalb die Erle, die ohnehin keine Enttäuschung kennt, um uns unseren Erfahrungen mit erlebten Enttäuschungen zuzuwenden.

Das Wort «Enttäuschung» ist wohl eines der am häufigsten falsch benutzten Wörter unserer Sprache. Es wird im allgemeinen nur mit bitterem Beigeschmack verwendet und soll signalisieren, daß sich Erwartungen, die ein Mensch in andere gesetzt hatte, nicht erfüllt haben.

Die herbe Enttäuschung nach einem Liebesverlust, nach der Untreue eines Partners, nach einer Geschäftspleite, nach einer Wahlniederlage, nach einer verpatzten Prüfung, nach einer Kündigung des Arbeitsplatzes, die herbe Enttäuschung schmerzt immer.

Der wesentliche Anteil der Entrüstung innerhalb einer Enttäuschung richtet sich gegen denjenigen, der diese Enttäuschung offenkundig gemacht hat: gegen den erkalteten oder untreuen Partner, mitverantwortliche Angestellte, die abtrünnige Wählerschaft, die Prüfungskommission, den Personalrat der Firma – um bei den obigen Beispielen zu bleiben. Der Auslöser wird zum Verursacher, zum Alleinschuldigen, das heißt zum Sündenbock erklärt, und die eigene Unfehlbarkeit bleibt vorerst unangetastet.

Diese Einstellung hilft zwar, im Moment den Schmerz der Enttäuschung zu lindern und einen Teil des Selbstvertrauens zu bewahren, sie bietet jedoch keine Garantie gegen neue Enttäuschungen mit anderen Menschen in anderer Umgebung oder in anderen Situationen.

Enttäuschung ist in Wirklichkeit immer das Ende einer Täuschung, und zwar das Ende einer Täuschung des Selbst, also einer Selbsttäuschung. Sie kann entstehen durch guten Glauben in schlechter Sache, durch Unbedarftheit, durch unrealistische Erwartungen, durch eine Vogel-Strauß-Politik, durch die Projektion eines eigenen Bildes auf einen geliebten Menschen, der diesem Bild nicht entspricht und vielleicht nie entsprochen hat.

Die Selbsttäuschung entsteht dadurch, daß Menschen ihr Weltbild, ihr eigenes Verständnis der Dinge, ja vielleicht sogar ihre eigenen Gefühle von sich selbst auf andere übertragen und dabei von einer gewissen Allgemeingültigkeit, vielleicht sogar von der absolut unfehlbaren Richtigkeit der eigenen Vorstellungen und Wertmaßstäbe ausgehen: Der Partner, das Kind, der Geschäftsfreund, der Prüfer, der Arbeitgeber haben so zu sein, daß sie dieses vorgeprägte Bild erfüllen. Trifft dies ausnahmsweise einmal zu, dann ist auf Dauer «alles in Ordnung». Im anderen Falle, dem viel häufigeren,

Abb. 21 Idylle am Oberpfuhlsee. Vorpommern

sind das vorgeprägte Bild und die Person, auf die es übertragen wurde, nicht identisch. Die Täuschung ist damit eingeleitet, und die spätere Ent-Täuschung vorprogrammiert.

Wer aber möchte gern in einer solchen Art von Täuschung oder Selbsttäuschung längere Zeit leben? Jedes Ende einer Täuschung ist zugleich auch das Ende einer Irrung und die Möglichkeit eines neuen Anfangs.

Jede Enttäuschung sollte deshalb dem Enttäuschten eine dicke Flasche Sekt wert sein! Je gravierender die Enttäuschung, desto teurer die Sorte!

Zugegeben, es ist schwer, sich selbst gegenüber die eigene Täuschung einzugestehen. Darunter leidet das «Selbstporträt». Aber dennoch ist es leichter, sich auf sich selbst zu besinnen und neue Anfänge zu wagen, mit neuer Zuversicht anderen zu begegnen, als dem Verlorenen nachzuhängen und nicht loslassen zu können.

Wer lernt, den Schmerz einer Enttäuschung nicht in Schuldzuweisung zu verwandeln und auf den anderen abzuwälzen, statt dessen neue Wege für sich selbst zu suchen, befreit sich sehr rasch von Trauer-, Straf- und Rachegedanken, die seine Gedankenklarheit sonst lange blockieren würden.

Wer gerade jetzt beim Lesen dieses Kapitels mitten in einer tiefen Enttäuschung steckt – so kahl, nackt und schmucklos wie die Erlen im Frühling, wenn die anderen Bäume schon blühen und sprießen – und zuschauen muß, wie «alle anderen» ringsum glücklich sind, der darf sich von diesem Baum die Zuversicht holen, daß sich doch alles zum Guten entwickelt. Neue Triebe, neue Knospen und neue Fruchtstände werden erscheinen, und der Saft, der aus den «kalten Füßen» kommt, wird alles am Baum mit neuem Leben erfüllen. Und gerade er trägt seine Früchte noch, wenn alle anderen sie schon wieder verloren haben.

Suchen Sie in einem Flußtal einen Erlenbestand auf, wenden Sie sich an eine einzelne Erle, ganz gleich zu welcher Jahreszeit, und sprechen Sie mit ihr. Spüren Sie die Kraft ihrer unsichtbaren Energiefelder, wenn Sie sich ihr nähern, und Sie werden, aufgetankt mit neuer Zuversicht, dank Ihrer eigenen (Säfte und) Kräfte rasch wieder zum Aufblühen finden. Die Erlen machen es Ihnen jährlich einmal vor.

Und später, wenn Sie irgendwo Erlen erspähen, mögen Sie an die drei Worte «Täuschung», «Enttäuschung» und «Zuversicht» denken. Vielleicht werden Sie dann lange Zeit vor schlimmen «Ent»-Täuschungen bewahrt bleiben. Sie selbst werden wissen, warum.

Abb. 22 Ein Bach und seine Erlen. Vorfrühling an der Bergischen Sülz

Ich empfinde mich heute träge und verzettelt. Ich wünsche mir mehr ...

Strebsamkeit

Da steht sie, ragt in den langen Wintermonaten steil und schwarz und kahl dem Himmelsgrau entgegen, hält Wind und Stürmen stand wie ein gewachsenes Denkmal der Natur, die lombardische Schwarzpappel.

Bei dieser Pappelart streben Stamm, Äste und Zweige steil aufragend nach oben, und zwar relativ schnellwüchsig. Oben, das ist das Ziel aller Bäume, und sie hat's besonders eilig damit.

Sie zeigt uns, daß mit zielgerichtetem, organischem Wachstum, mit gesammelten und in nur einer Richtung ausgerichteten Kräften (Ästen) ein Wachstumsziel höher angesetzt sein darf und doch in kürzerer Zeit erreicht werden kann, als dies bei mächtigen Verzweigungen nach allen Seiten hin überhaupt möglich wäre.

Wer kennt sie nicht, die Gefahr der Verästelung und Verzweigung, die Gefahr der Verzettelung? Wenn viele «Auch-noch-Ziele» von einem einmal gesteckten Hauptziel ablenken? Wenn Nebenfreunde und Nebenfreundinnen von der Dauerpartnerschaft oder der Ehe ablenken? Wenn Unternehmen in neue Branchen investieren, statt die Vormachtstellung auf dem Gebiet ihrer Stärke anzustreben? Oder wenn statt einer sinnvollen Freizeitgestaltung tausenderlei Zeitvertreib aufgegriffen wird, um die Zeit im wahrsten Sinne des Wortes zu vertreiben?

Jeder Gedanke an ein bestimmtes Ziel bewirkt zugleich unbewußt auch die Kraft, dieses Ziel zu

Abb. 23 Lombard-Pappeln im Sommerwind

verwirklichen. Das gilt für Fernziele genauso wie für Nahziele oder «Neben-Ziele».

Jeder Gedanke wirkt. Jeder Gedanke stellt eine Kraft dar und wirkt in Richtung des Gedankenbildes. Je klarer das Bild entwickelt, in der Vorstellung möglichst mit allen fünf Sinnen abgerundet werden kann, desto mehr überlagert oder verdrängt es schwächere Bilder von störenden Neben-schauplätzen.

Menschen mit der «goldenen Hand» nennt der Volksmund Personen, denen «alles» gelingt. Vielleicht kennen auch Sie solche erfolgsverfolgten Geschäftsleute, Unternehmer, Manager, Makler, Politiker, Künstler, Show-Leute, weiblich oder männlich. Das Besondere an diesen Menschen ist, daß sie ein einziges realisierbares Ziel als abgerundetes Bild klar ins Auge fassen können, es mit der ganzen Fülle ihrer Phantasie ausmalen und die immer noch möglichen Nebenziele und die Gefahrenbilder wie von selbst aus dem Augenmerk verlieren.

Ihre ganze Konzentration ist mit allen verfügbaren Zweigen scheinbar magisch auf die Kraft, die Erfüllung des einen Bildes gerichtet. Und dann gelangen, wiederum scheinbar wie von selbst, zahlreiche Anregungen und neue Ideen, ja auch neue Kontakte und Verbindungen von außen hinzu, die erst durch die erhöhte Aufmerksamkeit wahrgenommen werden, weil sie ins Bild passen. Auf diese Weise wird die Verwirklichung unaufhaltsam. Und wenn sie dann erfolgt, darf berechtigt von Erfolg gesprochen werden.

Dieses «Gesetz» ist allgemeingültig. Ungezählte Menschen beweisen es, in der jeweiligen Welt, in der sie leben und agieren: die Loddel auf dem Kiez in Hamburg, die Kardinäle in Rom genauso wie der Kellner Franz oder Putzfrau Krause, die beide von Mallorca träumen und auch irgendwie hin kommen werden, oder auch ich, der Autor dieses Buches mit dem klaren Ziel, es zu veröffentlichen. – Die Tatsache, daß Sie dieses Buch lesen, be-stätigt das Erfolgsgesetz.

Die Pappel kennt keine abwärts gewachsenen Äste. Bei ihr ist Wachstum nur in einer Richtung möglich, nämlich aufwärts, vergleichbar demjenigen, der sein Ziel kennt und nicht den geringsten Zweifel hegt, es umzusetzen.

Jeder Gedanke an ein mögliches Abwärts wäre ein anderes und eigen-ständig wirksames Gedankenbild mit dem ihm ebenso eigenen Trend, sich zu verwirklichen. Das kennt die Pappel nicht. Suchen Sie nach den gang-baren Wegen für ein bestimmtes Ziel. Versuchen Sie, nur das Ziel allein zu fixieren, es sich mit allen fünf Sinnen als schon eingetreten vorzustellen. Dann geschieht etwas Unglaubliches: Das Ziel kommt auf Sie zu! Es wird Sie erreichen, Sie einholen. Angezogen nur von Ihrer unerschütterlichen Gedankenkraft.

Abb. 24   Am Stadtsee Lychen. Uckermark

Dann versteht sich Strebsamkeit nicht mehr als eine Sache des Fleißes oder der Emsigkeit oder des Abdrängens von Mitbewerbern, sondern nur noch als die Kunst der klaren Vorstellung. Antriebsschwäche und Unlust ziehen sich unmerklich zurück.

Suchen Sie sich in Ihrer Gegend eine leicht zugängliche, große Pappel, betrachten Sie sie von weitem und nahem. Lassen Sie dieses aufstrebende Erscheinungsbild auf sich wirken und vernehmen Sie ihre deutliche Sprache: «Nicht rechts, nicht links, nur aufwärts!»

Noch bevor Sie wieder zu Hause eintreffen, werden Sie Ihr Ziel klar vor Augen sehen. Lassen Sie es nicht mehr los, es wird auf Sie zukommen.

Abb. 25 November-Impression am Rhein

Ich empfinde mich heute faul! Ich wünsche mir mehr . . .

Fleiß

«Am Abend wird der Faule fleißig.» Faulheit und Fleiß, zwei Begriffe, die aus Schulzeit und Arbeitswelt nicht wegzudenken sind. Sie können Redensart, Philosophie aber auch hohle Wörter sein.

Faulheit läßt sich zuweilen durch Begründungen rechtfertigen, Fleiß dagegen bedarf keiner Begründung. Faulheit gilt in einer Leistungsgesellschaft als tadelnswert, Fleiß als lobenswert.

Wer sich eines ständigen Leistungsdrucks bewußt ist und ihn schutzlos erduldet, mag zwar eine Weile mit Fleiß gegensteuern, um mit den Anforderungen mitzuhalten, der wird jedoch eines Tages vor einer ganz großen Frage stehen: «wofür?»

Eine der möglichen Antworten gibt die Kiefer. Ihre Antwort lautet: «Verwendbarkeit!»

Gerade sie stellt mit ihren vielseitigen Verwendungsarten als Bau- und Möbelholz, für Leitungsmaste und Bahnschwellen, Transportkisten und -paletten, als Grundmaterial für Faser- und Spanplatten ein Beispiel für besonders vielseitige Verwendbarkeit dar.

Bei gesundem Wuchs bildet sie einen geraden aufrechten Stamm, der meist im oberen Wipfelbereich seitlich abbiegt und geneigt ein Wipfeldach bildet. Der Wipfel ist dabei der Wetterseite abgeneigt und zeigt in Mitteleuropa stets nach Osten.

Der Stamm ist nur im unteren Drittel mit

Abb. 26 Freistehende Kiefer in Vorpommern

brauner Tafelborke bewachsen und darüber grau-orange bis rotgelb, was dem Baum irgendwie den Anschein von Nacktheit verleiht. Äste und Zweige mit ihrer typisch langen Benadelung setzen erst sehr hoch am Stamm an, selten in der unteren Stammhälfte. So werden Sie die Kiefer in Nadel- und Heidewäldern finden.

Beim Betrachten des nackt wirkenden Stammes mit seinem geneigten Haupt und dem spärlichen Astwerk mag die gedankliche Beziehung zu einem abgearbeiteten und ausgenutzten alten Menschen aufkommen, der seine Lebens- und Schaffenskraft in Fleiß und Arbeit gelegt hat und dem am Ende nichts anderes bleibt als die traurige Erkenntnis, wie eine Kiefer nur für die eigene Verwendbarkeit gelebt zu haben.

Sicherlich ist Fleiß im Einzelfalle sinnvoll, zum Beispiel wenn klare und langwierige Wege beschritten oder Leistungen pro Zeiteinheit honoriert werden, wie bei Akkord- oder Terminarbeiten.

Fleiß sollte aber nie ein Lebensziel sein. Er trübt den Blick für das Wesentliche, er raubt die Zeit für neue Gedankenimpulse, er behindert Entwicklungen und Aufgeschlossenheit für Neues. Fleiß macht blind gegenüber alternativen Möglichkeiten und läßt die Annehmlichkeiten von Gegenwart und Zukunft vergessen. Fleiß ist immer nur ein Teil der Strebsamkeit (siehe: Pappel), aber ohne deren Anteil an Phantasie und Vorstellungskraft.

Die Kiefer wird selten als freistehendes Ziergehölz angepflanzt. Andere Baumarten bieten dem menschlichen Auge mehr Schönheit und Ausgewogenheit bei gleichzeitig geringerem Holznutzen. Und wie die Kiefernarten über die halbe Welt verbreitet sind, so sind es auch die Fleißigen unter den Menschen, erstaunlicherweise in denselben Regionen.

Wenn Sie in Ihrer aufgebürdeten Arbeit zu ersticken drohen und spüren, daß Ihr Fleiß Sie an der Entfaltung Ihrer Lebenswünsche hindert, dann sollten Sie eine Kiefer aufsuchen. Teilen Sie sich ihr mit, erzählen Sie ihr in Gedankensprache, worunter Sie leiden, und überdenken Sie in ihrer Nähe den Sinn der Wörter «Verwendbarkeit» und «Verwendungszweck» in bezug auf das eigene Leben. Dann wird sich die Frage nach dem Sinn des Fleißes vielleicht ganz von selbst beantworten …

Die Kiefer hat Ihnen aber noch mehr zu sagen: Lehnen Sie die Stirn an ihre Rinde und riechen Sie mit geschlossenen Augen den würzigen Duft des lebenden Holzes. Zerreiben Sie eine einzige der langen Nadeln zwischen den Fingern und lassen Sie das beruhigende Aroma auf sich einwirken. Jetzt spricht die Kiefer zu Ihnen. Sie erklärt Ihnen in aller Freundlichkeit, daß es außer Fleiß auch noch versteckte Annehmlichkeiten für Sie gibt: Ruhe, Gelassenheit und Erholung.

Abb. 27 Kiefern im Königsforst bei Köln

Für Ihren Heimweg wünsche ich Ihnen den Anblick einer Kastanie oder eines Apfelbaumes. Schmähen Sie aber die Kiefer nicht! Danken Sie ihr für eine vielleicht lebenswichtige Erkenntnis!

Abb. 28 Kiefer am Westufer des Achensees, Tirol. Deutlich erkennbar zeigt der
Wipfel nach Osten.

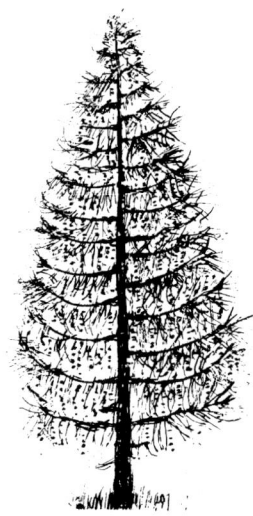

Ich empfinde mich heute mittelmäßig. Ich wünsche mir mehr . . .

Außergewöhnlichkeit

Eines hat die Lärche mit allen anderen Bäumen gemein, aber auch mit allen sonstigen Kreaturen einschließlich der Menschen: Alle besitzen etwas Einmaliges, etwas ganz Besonderes, Außergewöhnliches. Leider ist das zuweilen nur schwer zu erkennen, weil das Außergewöhnliche meist nur zeitweilig erkennbar wird.

Sich vom «Mittelmaß» abheben heißt dann, sich die eigene Besonderheit, die tatsächlich längst vorhandene Außergewöhnlichkeit endlich bewußt zu machen und sie gelten zu lassen, heißt auch, den Mut aufzubringen, sich in seiner Außergewöhnlichkeit der Umwelt zu zeigen.

Das Außergewöhnliche ist überall. Es muß nicht immer offensichtlich und frei zutage treten. Es kann als Potential, als genetische Anlage, als Neigung, Begabung, Talent über lange Zeit verborgen bleiben und zum entscheidenden Zeitpunkt wirksam hervortreten.

Schauen Sie das Foto an: eine Lärche an einem verhangenen grauen Wintertage, ein Bild mit scheinbar nur wenig Inhalt. Und doch sind in ihm alle Anlagen enthalten, die den dargestellten grauen Landschaftsausschnitt bald mit Leben erfüllen werden: das Grün der Knospen und Blattriebe, der Gräser und Kräuter des nahenden Frühlings, die bunte Pracht der darauf folgenden Sommerblumen und schließlich die herbstliche Verfärbung von Laub und Nadeln. Alles aber zu seiner gebotenen Zeit, und jedes in

Abb. 29 Kahle Lärche im Allgäuer Spätwinter

sich eine Besonderheit. Ein kleines Lärchen-Märchen soll die Besonderheit dieser Baumart herausstellen:

Als am dritten «Tag der Schöpfung» alle Bäume fertig waren, fragte der Schöpfer jeden einzelnen Baum, ob er mit seinem Aussehen zufrieden sei. Die Lärche antwortete: «Ich finde mich ein bißchen blaß geraten, viel heller als Tanne, Fichte und Kiefer. Und warum soll ich als einziger Nadelbaum auch noch meine Blätter verlieren wie die Laubbäume?» Der Schöpfer hatte sie wohl als letzte vollendet, und tatsächlich war ihm am Ende die Farbe auch noch dünn und knapp geworden. Sie reichte nicht mal mehr für ein ganzes Baumjahr, nur noch für ein halbes.

Er gestand ihr sein Mißgeschick ein und gab ihr dafür einen Wunsch frei. «Ein halbes Jahr zartgrün, ein halbes Jahr grau! Dazwischen möchte ich einmal in außergewöhnlicher Schönheit erstrahlen, in purem Gold, der Farbe der Sonne!» Und so geschieht es jährlich zwischen Sommer und Winter, meist nur für ganz wenige Tage, aber außergewöhnlich schön! Die Lärche im Kleid aus gewachsenem Gold in der Farbe der Sonne.

Kommen wir zurück auf Ihre heutige Empfindung persönlicher Mittelmäßigkeit. Ein halbes Leben in blasser Farbe, ein halbes Leben in grau. Wo sind Ihre Goldtage, Ihre außergewöhnlichen «High-Lights»? Wo ist das Gold Ihrer Ausstrahlung, die Außergewöhnlichkeit, die Ihre Grauzeiten aufwiegt? Sie empfinden sich mittelmäßig, weil Sie Ihre Wünsche nicht ausleben? Weil keine besonderen Ereignisse oder Erfolge Ihr Leben auflockern?

Schauen Sie jetzt das nächste Lärchen-Foto an: eine Lärche ohne jede Besonderheit, gesund und aufrecht gewachsen, im sommerlichen, hellgrünen Nadelkleid. Im Sinne dieses Kapitels ist die Außergewöhnlichkeit auch wieder erkennbar: der Standort inmitten eines lockeren Fichtenbestandes am Fuß der bayerischen Alpen. Standort und Hintergrund machen den Reiz des Fotos aus.

Standort und Hintergrund sind die beiden Begriffe, die Sie zur Überwindung Ihrer Empfindung der Mittelmäßigkeit überdenken und je nach Ergebnis verändern sollten. Mit jeder Veränderung Ihres angestammten Standortes, mit neuen Bekannten und anderen Freunden, in vielleicht ungewohnter Umgebung, betraut mit völlig neuen Aufgaben, stehen Sie plötzlich wie die Lärche im Fichtenwald: ohne Veränderung des Ich oder des Selbst ist «Ihre Welt» auf einmal eine andere.

Der Wunsch nach Außergewöhnlichkeit verringert sich, wenn das Leben wieder attraktiver wird. Und mit Geduld und Gelassenheit können Sie getrost den ganz außergewöhnlichen Tagen, den Goldtagen Ihres Lebens,

Abb. 30 Außergewöhnlich: Lärchen im Kleid aus dem ‹puren Gold der Sonne›.
Frühherbst im Bergischen Land

entgegensehen. Sie werden kommen wie das Herbstgold für die Lärchen, und sie werden Ihre «Grau-Tage» aufwiegen.

Jede Lärche, die Sie künftig bewußt wahrnehmen werden, möchte Sie daran erinnern, daß die Zeiten der Außergewöhnlichkeit kurz sind; die der Mittelmäßigkeit, die Grau- und Blaßgrünzeiten sind um ein Vielfaches länger.

Beweisen Sie Mut zur Mittelmäßigkeit! Sie ist keine Schande, sondern schlimmstenfalls eine «Warteschleife» vor dem, was an Außergewöhnlichem auf Sie zukommen wird.

Abb. 31   Lärche am Herzogstand. Walchensee, Bayern

Ich empfinde mich heute unruhig, hektisch, gereizt. Ich wünsche mir mehr …

Ruhe und Gelassenheit

Text eines Aufklebers am Schreibtisch eines Immobilienverkäufers: «Gott schuf die Zeit, von Eile hat er nichts gesagt», und auf seinem Telefon steht zu lesen: «In der Ruhe liegt die Kraft».

Ja, wenn es doch nur immer so leicht wäre, Zeit, Eile, Ruhe und Kraft in ihrer Wesenheit klar zu erkennen, sie eindeutig zu definieren und mit ihnen meisterlich umzugehen.

Unruhe, Hektik, Streß und Reizbarkeit wären dann keine Geiseln der von der Zeit beherrschten Menschen mehr. Es wäre umgekehrt: Die Zeit zu beherrschen würde bedeuten, mit ihr angemessen umzugehen, sie mit Weisheit einzuteilen, sie zu vermehren, statt sie zu verlieren, sie zu raffen oder zu dehnen, je nach Bedarf. – Der Umgang mit der Zeit ist allerdings erlernbar wie alle anderen Lebenskünste.

Der Ahornbaum, insbesondere der Spitzahorn bietet mit dem Ablauf der jährlichen Vegetationszeit ein besonders anschauliches Beispiel für den Zusammenhang zwischen Zeit und Geschehen: als einer der ersten Bäume im Vorfrühling steht er plötzlich, fast über Nacht, in voller Blüte zwischen den übrigen, noch winterkahlen Laubbäumen. Lange vor dem Austreiben der Laubblätter ergrünt er in einem Meer unzähliger gelbgrüner Blüten, treibt dann das Blattwerk etwa zeitgleich mit den Spaltfrucht-Doppelsamen, gibt diese dann im Sommer langsam, fast zögerlich zur Erde ab und verfärbt im Herbst sein Laub

Abb. 32 Grün blühende und noch blattlose Ahornbäume (Spitzahorn) im April. Straßenbäume im Erftland

in leuchtendes Sonnengelb. Auch das bunte Laub gibt er nur sehr, sehr langsam ab.

Ruhe und Gelassenheit, welchen Stellenwert genießen diese beiden Haltungen in Ihrem Leben?

Ruhe, das Schlummerkissen des Ich im Inneren, Gelassenheit als dessen Spiegelbild im Selbst, erkennbar im Äußeren, stehen in direkter Wechselbeziehung zueinander. Die eine Haltung kann durch die andere verstärkt und vertieft werden. Beide stehen nur sehr indirekt in Beziehung zur Zeit.

Weder die innere Ruhe, noch die Gelassenheit eines Menschen müssen betroffen sein, wenn derselbe seine Leistung in Eile erbringt. Eile kann Beweis für das Beherrschen der Zeit sein, kann Zeugnis von Geschick und Leistungsfähigkeit ablegen, kann helfen, Zeit zu vermehren, um in der objektiv zur Verfügung stehenden meßbaren Zeit subjektiv mehr unterzubringen. Eile ist der «zuschaltbare Schnellgang» für die erfolgreichen Sprints und Zwischenspurts im gut «getimten» Alltagsrennen. Mehr nicht!

Nur wer seine selbstgesetzten Anforderungen nicht mehr in der vorgesehenen Zeit erfüllt und nicht geübt ist, sich mal wirklich zu beeilen, wird bald unruhig werden und von Hektik sprechen, wird reizbar und gereizt auf seine Umwelt reagieren und seinen Mangel an Zeit beklagen.

Unruhe und Reizbarkeit können allerdings auch auf andere Ursachen zurückgeführt werden, die von der Zeit oder ihrer Einteilung unabhängig sind: Ängste und Befürchtungen, Ahnungen und vage Vermutungen unangenehmer Erwartungen vermögen innere Unruhe auszulösen und Gelassenheit in Hektik oder gar Hysterie zu verwandeln.

Ruhe und Gelassenheit lassen sich über verschiedene therapeutische Methoden wiederfinden. Greifen Sie auf solche Methoden zurück, wenn Ihre Leistungsfähigkeit bereits gefährdet ist oder Ihre Gedankenwelt um das Unerledigte mehr kreist als um die Realisierung des Greifbaren.

Ruhe und Gelassenheit sind die beiden Pole, zwischen denen die Unerschütterlichkeit gedeiht. Nichts muß Sie aus der Ruhe bringen, wenn Sie gelassen hinnehmen, was mit oder ohne eigenes Zutun ohnehin auf Sie zukommt. Denn alles hat seine Zeit, seine eigene Jetzt-Zeit.

Die Laubbäume und insbesondere der Ahorn mit seiner langen jährlichen Vegetationszeit zwischen Erblühen, Ergrünen, Belauben, Verfärben und Entlauben zeigen, daß jeder Vorgang seine Zeit besitzt. So mögen auch Sie den Dingen, die auf Sie zukommen werden, ihre Zeit einzuräumen. Nicht alles, was heute lohnenswert erscheint, läßt sich bis morgen schon realisieren. Gutes braucht seine Reifezeit.

Beängstigendes und Beunruhigendes kommt letztlich aus einer Zeit, die noch gar nicht eingetreten ist. Beides macht stets ein Stück unerwünschter

Abb. 33–35 Blütendolden, Spaltfrucht-Doppelsamen und Herbstlaub des Spitzahorn

Zukunft aus. Der Anblick eines Ahornbaumes kann Ihnen ein lebendes Beispiel für die Kraft sein, die aus der Ruhe kommt, und für die weise Einteilung der Zeit, aus der die Ruhe kommt.

Mit einem Ahornbaum als heimlichem Freund wird es Ihnen leicht fallen, Ruhe und Gelassenheit als Quelle der eigenen neuen Kraft zu erspüren.

Abb. 36 Herbstlicher Bergahorn im Karwendelgebirge

Roßkastanie (Aesculus hippocastanum)

Ich empfinde mich heute leer, ausgehöhlt, inhaltlos, ärmlich. Ich wünsche mir mehr ...

Lebensfülle

Lebensfülle, welch ein phantastisches Wort für einen Zustand, den Sie sich herbeiwünschen. Leer, ausgehöhlt und inhaltlos mögen Sie sich im Augenblick vorkommen. Halten Sie sich bereit zu staunen, wie rasch sich das ändern kann!

Lebensfülle, welch ein Wort für die Roßkastanie, diesen beliebten Baum, der Menschen, Tieren und Pflanzen so viel zu geben hat:

Den Menschen seinen majestätischen Anblick, im Frühjahr die üppige Pracht seiner schier zahllosen rötlich-weißen Blütenstände, im frühen Herbst die dicken glänzenden rot-braunen Kastanienfrüchte, mit denen die Kinder spielen und nach denen sich auch ein Erwachsener bückt, um sie ein paar Schritte lang in der Hand zu tragen.

Das Blütenmeer dieses Baumes stellt im Frühling eine einzigartige Bienenweide dar. Im Winter dienen die Kastanienfrüchte dem Waidwild als nahrhaftes Beifutter, und das besonders üppige Laub wird nach seiner Verrottung ein wertvoller Humusbildner, ein Nährboden für Kleinpflanzen.

Kastanien geben, und was sie geben, geben sie reichlich. Alles in Fülle: Blüten, Blattwerk und Früchte.

Wer möchte nicht auch aus dem Vollen schöpfen können? Immer bereit, von dem Vielen zu geben, ohne zu fragen, ob die Gaben Arme oder Reiche treffen?

Abb. 37 Roßkastanie vor dem Austrieb. Köln, Flora-Park

Sind Sie ein Geber-Typ? Können Sie Dinge loslassen, die Ihnen wert und teuer sind? Können Sie loslassen nur um des Gebens willen? Etwas aus dem eigenen Besitz verschenken, statt für Geld ein Geschenk zu kaufen, zu dem Sie keine Beziehung besitzen?

Haben Sie darüber nachgedacht, woran es liegen mag, daß das bewußte Geben länger und nachhaltiger im Gedächtnis bleibt als die Annahme eines Geschenkes? Es mag daran liegen, daß zum Geben das Loslassen gehört, eine Art von Überwindung, der Wert, den das Etwas für das eigene Ich darstellt, wird dabei bewußt. Mit der Überwindung des Hindernisses «mein» erfolgt die Aufwertung dessen, der beschenkt werden soll, und so wird ein Geschenk zur Gabe.

Die Gabe selbst ist unabhängig vom Kaufpreis, vom Handelswert und fragt nicht, ob der Beschenkte arm oder reich ist. Der Kastanienbaum fragt auch nicht, wem er im heißen Sommer seinen kühlen Schatten spendet oder wer im Herbst seine Kastanien aufliest. Er zeigt in jeder Vegetationsperiode das Hervorbringen, das Ausreifen und das Loslassen in steter Reihenfolge. Und er nimmt nichts mit in den Winter, weder Blüten, noch Früchte, noch Blätter. Auch Sie und ich werden nach dem Herbst unseres Lebens nichts mitnehmen, wir werden alles anderen überlassen. Und darin können wir uns zu unseren Lebzeiten schon üben.

Lebensfülle ist jedoch nicht nur eine Angelegenheit des Habens und Gebens, sondern auch des Seins. Seele und Geist fragen nach dem Sein mehr als nach dem Haben. Und so wie wir unsere Güter ansammeln, sie hegen, vermehren und weitergeben, so tun wir dies jederzeit auch mit unserem geistigen Gut und dem Spiegel der Seele, dem Charakter.

Weil nach dem Gesetz von Ursache und Wirkung (siehe das Kapitel über die Weisheit bzw. Zeder) jeder Mensch jedem anderen, zu dem er in Kontakt steht, in irgendeiner Form ein gebender Meister ist, und weil so jeder auch seine gebenden Meister überall findet, ist jede Verbindung ein Austausch im Wechsel von Geben und Nehmen.

Alle Begegnungen sind Austausch und bieten Erfahrungen aller Art. Auch «schlechte Erfahrungen» sind dann wertvolle Erfahrungen. Und der Mensch, dem sie zu «verdanken» sind, war zumindest in diesem einen Punkt einer unserer Meister, ein Lehrmeister unserer Erfahrungen.

Je mehr Kontakte ein Mensch pflegt, ganz gleich ob freundschaftlich, geschäftlich oder gesellschaftlich, desto mehr geistige Gaben verteilt er an andere. Und je höher sein geistiges Gut und seine seelische Ausstrahlung geschätzt werden, desto mehr Menschen wird er, ohne es zu wollen, anziehen und sie an seinen Werten teilhaben lassen.

Lebensfülle im Sinne dieses Kapitels ist materielles Haben im Wohl-

Abb. 38 Derselbe Baum in voller Blüte ...

Abb. 39–41 Blüten, Blätter und Früchte der Roßkastanie

Abb. 42   … und beim herbstlichen Entlauben

stand mit Geist und Seele. Daraus läßt sich schöpfen und spenden. Alles füllt sich, scheinbar wie von unbekannter Hand gesteuert, immer wieder neu auf und vergrößert dabei sich selbst und das Ganze, vergleichbar dem Kastanienbaum, der mit jeder Vegetationsperiode an Größe, Stärke und Pracht zunimmt, obwohl er jährlich soviel abgibt. Bis zu einigen hundert Malen wiederholen sich die Wachstumsschübe, das Sprießen der Knospen, das Blütenmeer, die Entfaltung der Blätter, das Ausreifen der Früchte und wieder das Loslassen im Herbst. Und wenn der Baum dann zur Winterzeit kahl und nackt im Wetter steht, wird kein Zweifel aufkommen, daß er sich bald wieder, im nächsten Frühjahr, in noch größerer Pracht und Fülle präsentiert.

Wenn Sie zwischen Frühling und Herbst einen Kastanienbaum in voller Pracht anschauen, dürfen Sie sich getrost über alles freuen, was Sie selbst sind oder haben. Und sehen Sie ihn im Winter, dann denken Sie an die Erwartungen, die in ihm schlummern.

Und wenn Sie sich heute leer fühlen, weil andere Menschen an Ihnen wie an einem unbeachteten, kahlen Baum vorbei schauen, erinnern Sie sich Ihrer Werte, die in Ihnen ruhen, die sich zu gegebener Zeit im Kontakt mit anderen Menschen wieder entfalten werden und mit denen Sie andere unmerklich und doch vielleicht meisterlich beschenken werden. So verwandelt sich Leere in Lebensfülle.

*Ich empfinde mich heute wankelmütig, unentschlossen.
Ich wünsche mir mehr ...*

Standhaftigkeit

«Standhaft wie eine Eiche» – ein gebräuchlicher
Ausdruck für einen unerschütterlichen Menschen, dem Wind und Wetter, Schauer und Stür-
me des Lebens wenig anhaben können, der seinen angestammten Platz im Leben und in seiner
Umwelt behauptet und fest auf seinen Wurzeln
steht.

Eiche oder Eichenlaub zieren als Symbol für
Dauerhaftigkeit Medaillen, Orden und Münzen
vieler Länder der Welt, allein fünf Münzen deut-
scher Währung.

Sturm, Frost und Waldbrand können der Eiche wenig schaden, und ihr Holz gilt als eines der
besten überhaupt.

Wen wundert es, daß gerade diese Baumart
schon in alten Zeiten hohes Ansehen genoß? In
vorchristlicher Zeit wurde die Eiche bei den Kel-
ten und Germanen und anderen indogermani-
schen Völkern quasi als lebendes Totem verehrt,
nach der Christianisierung wurden viele Eichen
mit christlichen Heiligen in Verbindung gesetzt.
Die Germanen verehrten sie als den heiligen
Baum des Gewittergottes Donar, von dem sie
häufiger als andere heimische Bäume Besuch erhielt: Eichen galten und gelten als blitzanzie-
hend.

Standhaftigkeit ist nicht Starrheit oder Stur-
heit, sondern Beharrlichkeit in einer Überzeu-
gung. Sie verleiht dem Standhaften Würde und
sichert sein «Selbstporträt». Er kennt den Stel-

Abb. 43 Eiche in Mecklenburg-Vorpommern

Abb. 44   Bergisch Gladbach, Platz ‹An der Eiche›

lenwert, den er in seiner Umwelt einnimmt und kann doch Veränderungen zulassen, wenn sie zu seinem Bild passen. – Vergleichbar einer Eiche, die spät im Frühjahr ihre Blattknospen bildet und öffnet, sich in sattes dunkles Grün hüllt, im Spätherbst ihre Blätter verfärbt und sich mit den Stürmen des Winters wieder entlaubt. Dies alles geschieht ohne Einfluß auf ihre Standfestigkeit.

Der Standhafte sucht selten den Rat anderer. Er weiß, was er tut, und verläßt sich auf sich selbst. Er findet seine Antworten im eigenen Inneren und nicht in der Befragung der Freunde und Ratgeber.

«Sag' mir, was ich tun soll! – Was hältst du davon? – Wie geht's weiter? – Alle raten mir etwas anderes, was ist nur richtig? – Soll ich oder soll ich nicht?» Solche Fragen sind dem Standhaften wie Vokabeln einer fremden Sprache. Und doch nimmt er neue Erkenntnisse begierig auf, vergleichbar den Eichenwurzeln, die im Erdreich Wasser und Nährstoffe sammeln, um sie dem Stamm zuzuführen.

Setzen wir die Eichenwurzeln mit den sozialen Erfahrungen eines Menschen in Beziehung, dann wird offensichtlich, daß ein Mensch seine Entscheidung und seine Weiterentwicklung genauso wenig auf die Erfahrungen anderer aufzubauen vermag, wie eine Eiche sich aus den Wurzeln eines Nachbarbaumes ernähren kann.

Standhaftigkeit verlangt also eigene Wurzeln, eigene Erfahrungen. Und Erfahrung verlangt Bewegung. Wer ein Leben lang den eigenen Ofen hütet, sein Dorf oder seinen Stadtteil nur selten verläßt, wenig neue Kontakte zu Menschen aufnimmt, dem werden schließlich Erfahrungen fehlen, der wird entschlußunfähig, wankelmütig und letztlich auf die Beratung durch andere angewiesen sein. Dem wird «eigene Meinung» zum Fremdwort, und der wird bald wie ein Wetterhahn jedem schwachen Windhauch nachgeben.

Ängste und Mißerfolge sind die Erkennungsmerkmale derer, die nur aus der Beratung anderer agieren. Der Standhafte agiert aus sich selbst heraus und läßt sich durch Ängste anderer nicht erschüttern.

Wenn Sie vor einer wesentlichen Entscheidung stehen und allein zunächst nicht weiterwissen, dann empfehle ich Ihnen, eine Eiche aufzusuchen, bevor Sie Freunde um Rat fragen.

Schon Ihre Schritte zu einer Eiche sind Ihre eigenen Schritte, Schritte, die Sie ohne Begleiter gehen. Lehnen Sie Ihre Stirn für eine kleine Weile an die Eichenrinde. Spüren Sie die Standhaftigkeit dieses lebenden Wesens und den Schutz, den die rauhe Rinde dem Stamm bietet. Jetzt, in dieser Minute, spricht die Eiche zu Ihnen, und Sie können ein neues Bewußtsein Ihrer eigenen Standhaftigkeit gewinnen: «Ich bleibe standhaft! Ich bin standhaft.»

Abb. 45 Naturdenkmal in der hessischen Rhön

Ich empfinde mich heute beschämt, blamiert, entwürdigt.
Ich wünsche mir mehr …

Würde

Ein kleines Märchen:

Vor vielen, vielen Zeiten lebte König Silva, ein gütiger und gerechter Herrscher des Waldes. Alle Pflanzen und Tiere der Wälder waren ihm gleich liebe und gleich werte Geschöpfe, und er liebte sie alle wie eigene Kinder.

Lange lebte der König allein mit seiner Tochter, der Prinzessin Abies Alba. Sie war schön von Gestalt und aufrecht von Wuchs und Gesinnung.

Als der König spürte, daß das Alter ihn einholte und er bald sein Königtum nicht mehr ausfüllen könne, übertrug er sein Amt auf die Prinzessin Abies Alba und erhob sie zur Königin des Waldes. Zum Zeichen ihrer Würde krönte er ihr Haupt mit einer königlichen Krone und trug ihr auf, allen Wesen des Waldes im gleichen Maße königliche Würde zukommen zu lassen. Und damit sie dieses Gebot niemals vergesse würde, sollte in jedem Jahr die Krone einmal in sich zerfallen und sich danach wieder erneuern, solange sie lebte und sich an sein Gebot hielt. – Sie tut es bis heute.

Noch heute ist die Krone der Königin des Waldes, der Weiß-Tanne Abies alba, mit bloßem Auge zu sehen: der Kranz aufrecht stehender Tannenzapfen im oben abgeflachten Wipfelbereich. Nur dort oben trägt sie kronenähnlich ihre Fruchtzapfen und ist damit leicht von der Fichte zu unterscheiden.

Schon in alten Zeiten galt die Tanne als Sinnbild für Schönheit, Stärke und Größe. Würde-

Abb. 46 Die Krone der Königin Abies Alba, der Tanne. Walchensee, Bayern

volle Begriffe für den sonst eher empfindlichen Baum. Der Anblick einer mächtigen alten Tanne fordert dem Betrachter Ehrfurcht ab, und Ehrfurcht ist das Spiegelbild der Würde.

Diese Aussage gilt auch für den Umgang der Menschen miteinander. Jeder Mensch, ganz gleich, ob Sie ihn lieben oder schätzen oder in Ihrem Herzen gegen ihn ein ‹Feindbild› tragen, besitzt seine ureigene Ehre und damit seine Würde, die Menschenwürde. Es ist jene Würde, die Sie Ihren Mitmenschen, auch im Konfliktfalle, zubilligen, es ist Ihre eigene Würde, es ist die Würde der Kinder, – wie es König Silva seiner Tochter Abies Alba im Märchen zu beachten aufgetragen hat.

Jeder Mensch, auch derjenige, dem auf gerichtlichem Wege nach besonders schlimmer Straftat vom Staat die bürgerlichen Ehrenrechte aberkannt wurden, besitzt seine individuelle Ehre und damit seine Menschenwürde.

Lassen Sie Ihre «Feindbilder» Revue passieren und fragen Sie sich dabei, welches Maß an Würde Sie Ihrem ärgsten Feind zubilligen. Denn je heftiger Sie Ihre «Feindbilder» bekämpfen, desto mehr verringern Sie deren Würde, allerdings mit dem fatalen Ergebnis, Ihre eigene Würde damit zu beeinträchtigen, ja zu mindern. Wer aber anderen die Würde läßt, genießt die Würde anderer.

In Beratungsgesprächen konnte ich erleben, daß Hilfesuchende, die sich am äußersten Rand des Überlebenswillens befanden und sich nichts Aktives mehr zutrauten, im Verlauf einer vorangegangenen Psychotherapie selbstmordähnliche Aktionen unternommen hatten, um sich damit zumindest die Illusion eines würdevollen Vorganges zu erwirken. In Wirklichkeit verringert jede Aktion dieser Art noch einmal die Restwürde, weil die Aktion nicht vollendet durchgeführt wird. Mit dem Verlust der letzten, auf diese Weise verscherzten Eigenwürde erwächst dann die eigentliche, große Gefahr einer vollendeten Verzweiflungstat.

Schon in einem Erstgespräch mit einem oder einer Verzweifelten gilt es, dessen oder deren Würde soweit wieder aufzurichten, daß er oder sie in den folgenden Tagen aus der direkten Gefährdung herausgelangt.

Wie sehen Sie Ihre eigene Würde?

Auch wenn Sie ‹ganz Schlimmes› erleben mußten, als Kind oder als Erwachsener, oder sich heute in einem ganz tiefen Tief zu befinden glauben, so ist eines doch sicher: Sie leben noch, und damit ist sichergestellt, daß Sie trotz allem Lebenskraft und Überlebenswillen besitzen. Und es ist auch erwiesen, daß Sie in Lebensbereichen leben, die noch funktionieren. Diese Klärung kann Ihnen helfen.

Gehen Sie Ihrer Würde nach: im erwiesenen Lebenswillen und in dem, was geblieben ist. Denn aller Schaden und aller Kummer, den Sie erfahren

Abb. 47 Deutliches Merkmal: der stumpfe Wipfel

Abb. 48 Mächtige Tanne im Bergischen Land

Abb. 49 Symbol für die Würde der Kinder: Jungtannen in der Baumschule

mußten, hat Sie zwar belastet, niedergedrückt und kleingemacht, aber nicht vernichtet. Ihre Würde kämpft in Ihnen um einen neuen Stand.

Mit jedem Tag, an dem Sie mehr an Ihre Würde denken als an das, was Ihnen verlorenging, verhelfen Sie ihr zum Sieg. Und wenn Ihnen Ihre eigene Menschenwürde wieder richtig bewußt ist, werden Sie auch wieder Menschen treffen, die Ihre Würde erkennen und die sich in Ihre Nähe wünschen. Dann stärken sich die heute noch geschwächten Lebensbereiche wieder scheinbar wie von selbst.

Und sollten Ihre Minderwertigkeitsempfindungen Sie erneut einholen, gehen Sie und suchen Sie eine Tanne. Betrachten Sie ihre würdevolle Silhouette, ihren Stamm und vor allem die Krone der Königin des Waldes. Setzen Sie sich selbst in gedanklicher Vorstellung eine Krone Ihrer Phantasie auf, die Krone Ihrer Menschenwürde. Berühren Sie die Tanne und tanken Sie auf. Vielleicht mit den Gedanken: «Ja, ich bin», «Ja, ich spüre meine Würde» oder «Ja, meine Würde gehört zu mir. Ich bin ich und bin würdig, ich zu sein», oder ähnlich.

Und wenn Sie nördlich des Schwarzwaldes oder der Vogesen keine echte Tanne finden, dann darf es ersatzweise auch eine Fichte sein, die mit den hängenden Zapfen. Sie heißt mit ihrem Zweitnamen immerhin auch noch Rot-Tanne.

Wie wichtig Ihnen die Beachtung der eigenen Würde auch sein mag, hier noch ein Hinweis auf die Würde der Kinder: Jedes Kind ist ein Mensch mit der Chance, ein alter, reifer Mensch zu werden und ein nur für ihn allein bestimmtes Leben zu führen. Wer sich beim Anblick eines Kindes dessen Aussehen als Halbwüchsiger, als Erwachsener oder gar als Greis vorstellen kann, erahnt rasch, welche Würde das Kind bereits in sich trägt.

Als Lernende sind Kinder keine kleinen Erwachsenen. Aber hinsichtlich ihrer Würde sind sie den Erwachsenen und den alten, reifen Menschen absolut gleich. Und da Kinder ihre Würde sehr wohl spüren, sind sie in ihr auch sehr leicht verletzbar. Denken Sie beim Anblick eines kleinen Tännchens an die Würde Ihrer Kinder, Ihrer Nachbarskinder, die Ihrer Neffen und Nichten, aber auch an die Würde der Kinder in Heimen, Krankenhäusern, Behinderteneinrichtungen, oder an die Würde der Kinder in Kriegsgebieten, in den Armenvierteln der Städte und in den Hungerregionen der Welt.

Übernehmen Sie das Gebot des Königs Silva, allen Wesen königliche Würde zukommen zu lassen! Jährlich einmal sollten Sie auch Ihre ‹Krone› erneuern und dabei prüfen, ob jeder Ihrer persönlichen Bekannten noch Ihre Würde genießt, damit auch Sie von anderen mit gebührender Würde angesehen und geachtet werden.

*Ich empfinde mich heute aggressiv, gereizt, streitsüchtig.
Ich wünsche mir mehr ...*

Friedfertigkeit

Warum sind Sie aggressiv? Wer hat Sie gereizt
und einen Streit mit Ihnen provoziert? An wen
denken Sie in diesem Augenblick? Wer ist der
Mensch oder sind die Menschen, gegen die sich
Ihr Unfrieden richtet?

Und Sie wünschen sich mehr Frieden, der aus
Ihrem eigenen Inneren erwächst? Eine Friedfertigkeit, die auf andere ausstrahlt und sich als Se-
gen für Sie selbst erweist? Dann ist die Salweide
Ihr Friedensbaum.

Wo immer in der Welt von Frieden die Rede
ist und über Frieden verhandelt wird, da ist meist
der politische Frieden unter den Völkern, zuweilen unter einzelnen Volksgruppen zu verstehen,
Frieden als Gegensatz zum Krieg. Frieden ist aber
nicht nur Verhandlungssache zwischen Nationen und ethnischen Gruppen, sondern er beginnt im Herzen eines jeden einzelnen. Und davon wird hier die Rede sein.

Die Blütenstände der Salweide, auch ‹Weidenkätzchen› genannt, stellen in katholischen
Gegenden einen Bestandteil des «Palms» dar,
der am Palmsonntag kirchlich geweiht wird. –
Palmsonntag ist der jeweils letzte Sonntag vor
dem Osterfest, er hat seinen Namen von den
Palmzweigen erhalten, die der Überlieferung
nach beim Einzug Jesu in Jerusalem als Wegtep-
pich gestreut wurden. Damit besteht auf dem
Umweg über katholisches Brauchtum eine Beziehung zwischen der heimischen Salweide und

dem, der zwischenmenschlichen Frieden überhaupt erst verstehbar gemacht hat, nämlich Jesus von Nazareth.

Zu seinen Lebzeiten stand Palastına zwar unter römischer Besatzung,
rasselndes Kriegsgeschehen jedoch hat er selbst nicht miterlebt. So bezieht
sich seine Friedensbotschaft denn auch keineswegs nur auf den politischen
Frieden sondern auf den Frieden der Menschen untereinander ganz allgemein.

Jesus hat immer wieder zur Feindesliebe aufgefordert, was oft mißver-
standen und fehlinterpretiert worden ist. Die Feindesliebe wird jedoch
nachvollziehbarer, wenn unter «Feind» nicht mehr ein aggressiver Angrei-
fer verstanden wird, sondern ein Mensch, der in seinem Verhalten gegen
die allgemeingültigen Regeln, Normen und Gesetze der breiten Masse ver-
stößt, weil er sein Ich ausleben will. Jesus nun stellte gerade die angelernten
und ungeprüft übernommenen Regeln in Frage und wollte das Individuum
fördern.

Abb. 50 Vorfrühling. Salweide im Sülztal

Abb. 51 Weidenkätzchen, weiblich

Abb. 52 Männliche Weidenkätzchen

Wenn wir selber die sozialen und ethischen Normen, die religiösen und weltlichen Regeln einhalten, geraten wir sehr leicht in Gefahr, gegenüber anders geprägten Menschen eine Art Feindbild zu entwickeln, weil ihr Anderssein zu Verständigungsproblemen führen kann. «Seine Feinde lieben» bedeutet, sich mit den Besonderheiten des «Feindes» auseinanderzusetzen, sie in ihrer Entstehung und ihrer Auswirkung zu verstehen und den Menschen anzunehmen, so wie er ist, statt ihn wegen seiner unbequemen Besonderheit zu bekämpfen.

Die im eigenen Selbst entstehenden Feindbilder gilt es zu erkennen, quasi zu entlarven, und sie zu neutralisieren. Danach können Konflikte in Gedankenklarheit aufgelöst werden.

Darf ich Sie fragen, welches Ihre erklärten Feindbilder sind?

Wie stehen Sie zu Rauchern, Trinkern, Tierfleischessern? Zu Singvogel- oder Walfängern? Zu Bankräubern, Wirtschaftskriminellen, korrupten Po-

Abb. 53 Salweidengruppe im Rheintal

Abb. 54   Mächtige Salweide in Lychen. Uckermark

litikern oder Rauschgiftbossen, zu Asozialen, Neonazis, zu Frauenschlägern und Kinderschändern?

Jetzt wird's heikel. Denn alle, die Sie ablehnen, lehnen Sie auf Grund Ihrer vernunftgemäßen Erziehung ab. Aber als Raucher unter Rauchern lösen Sie Ihr erstes Feindbild selbst in Luft auf und das im wahrsten Sinne des Wortes. Das gleiche gilt sinngemäß für den Trinker an der Theke, den Fleischfreund im Steakhouse, den korrupten Politiker unter seinesgleichen bis hin zum Kinderschänder in seiner Therapiegruppe.

Unter seinesgleichen sind Feindbilder in derselben Sache nicht möglich. Nur von der jeweils anderen Warte aus betrachtet, können sie entstehen. Und die elementare Grundlage dafür ist der Neid. Der unbewußte Neid darüber, daß «so einer» ohne Abgrenzung Ihnen gegenüber steht, vielleicht sogar in bestimmten Lebensbereichen erfolgreicher erscheint als Sie, erzeugt den Ausschlag für das «vernunftgemäße» Feindbild, und zu dessen Rechtfertigung wird dann die Allgemeingültigkeit vieler Regeln, Normen und Sitten zitiert.

Jesus war ein Querdenker. Was hindert Sie, es ihm nachzumachen? Ihn hat es zwar das Leben gekostet, uns aber die Weisheit der Friedfertigkeit beschert. Sie lautet in Kurzform:

«Selig sind die Friedfertigen, denn sie werden Gottes Kinder heißen.» (Mt 5,9) «Gottes Kinder» wollen wir verstehen als «Menschen, die in der göttlichen Ordnung», im Einklang mit dem einen Ganzen stehen. Demnach ist Streit Störung der Ordnung und Frieden die Ordnung an sich.

Wenn Sie bestimmte Menschen oder Menschengruppen wegen Ihrer Feindbilder bisher gemieden haben, versuchen Sie vermehrt, auf sie zuzugehen. Spüren Sie, daß Sie von denen angenommen werden, die Sie Ihrerseits bisher ablehnten, und erfahren Sie, wie schön Frieden sein kann. Frieden und Friedfertigkeit können zum Erlebnis werden.

Jede Salweide, die sich Ihnen auf Ihren Wegen zeigt, möchte Sie an die Friedfertigkeit erinnern. Salweiden sind die Begleiterinnen der Flüsse und Bäche. Dort werden Sie sie stets finden. Wie der bewegte Fluß Sinnbild des unaufhörlich bewegten Lebens ist, so symbolisiert der Friedensbaum seine Zugehörigkeit zum Lebensfluß.

Erspüren Sie beim Betrachten einer Salweide den Frieden, der von ihr ausgeht. Sie ist unter den Bäumen, was Lamm oder Taube unter den Tieren sind, Symbol der Friedfertigkeit.

Ich empfinde mich heute hartherzig, lieblos, egoistisch. Ich wünsche mir mehr ...

Herzlichkeit und Liebe

Unter der Mehrzahl der alten Völker galt das Herz als der Sitz der Seele, und bis heute hat sich diese Vorstellung in zahlreichen Sprachen erhalten.

«Herzliche Grüße», «Herzlichen Glückwunsch», «... von ganzem Herzen lieben ...», «... mein Herz gehört Dir!» und viele ähnliche Formulierungen signalisieren die Verbindung von Herz und Liebe. Und in manche Lindenrinde ist ein Herz zusammen mit den Namensinitialen eingeritzt.

So kann als Symbolbaum für Herzlichkeit und Liebe nur die Linde stehen, der prächtige Laubbaum mit herzförmigen Blättern und umgekehrt herzförmiger Silhouette. Wen wundert's, daß gerade dieser Baum in der Märchenwelt und in Volksliedern die gebührende Anerkennung gefunden hat. Sein meist gleichmäßiger Wuchs mag zu seiner Beliebtheit beigetragen haben. Auffallend viele Orte und Dörfer tragen seinen Namen in ihrer Ortsbezeichnung. Auch in Mädchennamen wie Gieslinde oder Sieglinde findet sich der Baumname wieder.

Herzlichkeit und Liebe, wie stehen diese beiden Begriffe zueinander?

Herzlichkeit setzt Liebe voraus. Liebe zum pulsierenden Leben, zu den Mitmenschen und zu den anderen Geschöpfen der Welt. Herzlichkeit vermag spontan zu entstehen oder langsam zu wachsen, wenn Menschen sich behutsam einan-

111

der öffnen. In jedem Falle bleibt Herzlichkeit frei von Berechnung oder Zielsetzung. Sie benötigt nur eines: die Anerkennung des anderen in seinem Wesen. Jeder Anhauch von Intoleranz schmälert die Herzlichkeit und damit die Liebe.

Herzlichkeit und Liebe sehen den Mitmenschen so, wie er ist. Sie kennen nicht den Maßstab des eigenen Ich als Maßstab für andere. Am eigenen Maßstab lassen sich bestenfalls Begriffe wie Sympathie, erotisches Begehren, Zweckpartnerschaft oder ähnliches anknüpfen. Liebe läßt die Maßstäbe der anderen gelten.

Deshalb ist es so wichtig, daß bei Beginn einer Liebesbeziehung beide lernen, sich dem geliebten Partner gegenüber zu öffnen, um ihm Einblick in das eigene Ich zu gewähren. Wer dabei mogelt, verfälscht sein eigenes Persönlichkeitsbild und führt den Partner und damit die ganze Partnerschaft und somit schließlich auch sich selbst einer Täuschung und späteren Enttäuschung entgegen.

Liebe beruht auf Wahrheit und Wahrhaftigkeit. Liebe findet ihren Ausdruck nicht im Verlangen und nicht in der Erfüllung von Wünschen, sondern im Geben. So läßt sich die Liebe verstehen als Beziehung zu allen Wesen und Kreaturen, nicht nur zu den Menschen.

Liebe heißt, die Würde und Eigenständigkeit eines anderen anzunehmen und sie zu dessen Wohl und in dessen Eigenheiten zu fördern. Selbstlose Liebe kennt keine Bedingungen. Wenn eine solche Liebe einem Menschen gilt, und dieser sie in gleicher Weise beantworten kann, dann ist die liebevolle Partnerschaft zugleich auch eine echte Teilhaberschaft (*pars*, lat. = Teil, Partner = Teilhabender). Partnerschaft als eine Teilhabe am anderen!

Ein solches Verständnis der Liebe gilt nicht nur allgemein, sondern auch für die Teilbereiche der Liebe. So hängt erfüllende Sexualität vornehmlich von der Kunst ab, dem geliebten Wesen die Erfüllung seiner Wünsche zu bereiten, und wenn beide das gleiche Ansinnen hegen, kommen auch beide zum Glück.

Beim liebevollen Schenken ist das Geschenk die Hauptsache, nicht der Dank. Bei der liebevollen Hilfe in Not (bei Krankenpflege durch Angehörige, Verwandte oder Nachbarn) besteht die Liebe, solange kein Opferbewußtsein oder Hoffnung auf Belohnung – oder gar Hoffnung auf Beerbung – die Liebe trüben.

Die Liebe zu Kindern läßt ihnen den Freiraum eigener Würde und der Entfaltung ohne die «erzieherischen» Zwänge zu Gegenleistungen. Die Liebe zu Fremden, Suchenden und Außenstehenden fragt nicht nach deren Werten. Dies läßt sich fortsetzen bis zur Liebe denen gegenüber, für die

Abb. 55   Herz-liche Größe aus Solingen

wir ein erklärtes «Feindbild» in uns tragen und die doch in oft nur einem einzigen Punkt anders sind als wir sie uns wünschen.

Liebe verlangt Herz. Und das «Herz auf dem rechten Fleck» tragen heißt, Herzlichkeit in allen Lebenslagen zu beweisen und fähig zu sein, Liebe geben und Liebe annehmen zu können.

Lieben Sie Pflanzen? Beispielsweise Ihre Zimmerpflanzen? Sie werden sie liebevoll pflegen, sie versorgen und vor Ungeziefer schützen. Vielleicht sind Sie ein Pflanzenfreund?

Lieben Sie Tiere? Haustiere, Nutztiere, Wildtiere? Vielleicht einzelne Tiere, zu denen Sie eine Beziehung hegen? Ihren Stubenvogel, Ihre Katze, Ihren Hund, Ihr Reitpferd? Was macht dieses Tier so liebenswert, daß Sie ihm einen Teil Ihrer Freizeit für Pflege, Spielereien und Zwiesprache schenken? Jedes Tier besitzt seine eigene Wesensart und auch seine kleinen «Unarten», aber die nehmen Sie inkauf – wie jeder echte Tierfreund.

Lieben Sie Menschen? Große, kleine, junge, alte, kluge, dumme, arme, reiche? Können Sie sich als «Menschenfreund» bezeichnen, als jemanden, der andere Menschen genauso akzeptiert wie sich selbst und genauso wie seine Pflanzen oder sein Tier?

Für die Liebe gilt es zu lernen, die Verhaltensweisen anderer zu verstehen, statt ständig zu wünschen, von ihnen verstanden zu werden. Wer versteht, hat mehr vom Leben! Wer versteht, wird zur Liebe überhaupt erst fähig. Denn vor der Liebe kommt die Bereitschaft, jemanden anzunehmen, und vor dieser Bereitschaft kommt das Verstehen.

Wenn Sie irgendwann glauben, daß ein bestimmter Mensch Ihre Liebe nicht mehr «verdient», dann haben Sie bereits aufgehört, ihn zu lieben. Sie mögen ihn noch tolerieren, ihn vielleicht erotisch noch begehren oder noch nicht loslassen können, aber die Berechnung hat bereits die Liebe angenagt oder verdrängt. Die Liebe ist dann keine Liebe mehr, nur noch Wunschdenken, Angst vor Verlust.

Sollte Ihr Alltag von Liebeskummer erfüllt sein, kann es Ihnen helfen, sich mit der ganzen Kraft Ihrer Gedanken und Gefühle auf sich selbst zu konzentrieren: Prüfen Sie, wie weit Ihr ‹Ich› und Ihr ‹Selbst› und Ihr ‹Persönlichkeitsbild› miteinander übereinstimmen. Seien Sie kritisch bei der Überprüfung Ihrer Bereitschaft, sich selber zu akzeptieren. Können Sie sagen, daß Sie sich selbst voll und ganz akzeptieren, daß Sie selbst sich lieben? Wie sonst können Sie zur Liebe eines anderen Menschen überhaupt fähig sein?

Strahlen Sie Herzlichkeit aus und verschenken Sie Liebe, dann werden beide auf vielfältige Weise und vermehrt zu Ihnen zurückfinden.

Und jede Linde, die künftig Ihre Aufmerksamkeit auf sich ziehen wird,

Abb. 56 Besonders typische Herzform einer jungen Linde

Abb. 57   Im freien Feld im Erftland

Abb. 58 Linde im späten Januarlicht

mag Ihnen den Mut einflößen, sich selbst wie auch den Ihnen nächsten Menschen und die Mitmenschen Ihrer weiteren Umgebung liebevoll anzunehmen. Suchen Sie sich eine Linde aus zur heimlichen Gesprächsvertrauten in Liebesdingen. Und steht unter ihrem Dach eine Bank, so wird sie in Liebesangelegenheiten wohl auch über Erfahrungen verfügen ...

Abb. 59   Uralte Linde bei Lindlar. Bergisches Land

Ich empfinde mich heute verklemmt, verknöchert, versteinert ... Ich wünsche mir mehr ...

Sinnlichkeit

Aphrodite, die aus dem Schaum des Meeres geborene Göttin der Schönheit und der Liebe, versprach dem trojanischen Prinzen Paris Helena, die schönste Frau der Welt, wenn er ihr, Aphrodite, vor Hera und Athene den goldenen Apfel der Eris überreiche. Der Apfel trug die Aufschrift «Der Schönsten».

Aphrodite erhielt den Apfel. Paris entführte darauf Helena und leitete damit den trojanischen Krieg ein. So schildert Homer um 750 v. Chr. in seinem Epos «Ilias» die Auswirkungen des «Apfel»-Votums.

Auch der Biß der Eva in die Frucht des Baumes der Erkenntnis im biblischen Paradies wurde seit eh und je als Biß in einen Apfel dargestellt, wenngleich der mythische Erkenntnisbaum sicherlich kein Apfelbaum war.

Apfel und Weiblichkeit stehen sich zwar hinsichtlich ihrer Rundungen symbolisch nahe, aber zur Sinnlichkeit gehört noch mehr: die Anregung der fünf organischen Sinne, verbunden mit der Wahrnehmung eines ganz bestimmten Empfindens.

Sehen, hören, fühlen, schmecken und riechen. Alle fünf Sinne begleiten uns beim genüßlichen Verzehr eines frischen Apfels: Wir sehen seine äußere Form und seine Farbe, fühlen ihn in der Hand und an den Lippen, schmecken sein süßsaures Aroma, riechen den Duft seiner Schale und hören schließlich die genüßlichen Geräusche des Essens. Damit kann er als Symbol der Sinnlichkeit eine Verbindung zu den sinnenhaften Wahrnehmungen darstellen, die wir Menschen im Umgang miteinander registrieren, denn auch hier spielen alle fünf Sinne ihre Rollen zu gleicher Zeit.

Die Sinnlichkeit ist die Vorstufe für jede Form der Verständigung und der Kommunikation. Je geschulter die Sinne, desto sinnhaltiger das Leben. Wenn wir davon ausgehen, daß unsere organisch gesunden Sinne uns täglich mit einer unüberschaubaren Fülle von Eindrücken versorgen und bestimmte Eindrücke zu sofortigen Reaktionen führen, dann ist unser Leben

Abb. 60 Apfelblütenmeer

Abb. 61 Farbenspiel im Apfelbaum

Abb. 62   Westerwald-Idylle im Spätherbst

eine einzige Kette von Reaktionen auf sinnliche Wahrnehmungen. Die meisten Menschen bewerten die fünf Sinne in der Reihenfolge, in der die Sinneswahrnehmungen normalerweise bewußt werden: sehen, hören, fühlen, schmecken und riechen. Aber schon die Konzentration auf einen sonst wenig bewerteten Sinne führt zu stärkeren Wahrnehmungen. So steuert der Geruchssinn – unbewußt – viel mehr menschliches Verhalten als weithin angenommen. Unser Gedächtnis hat erheblich mehr Gerüche und Geschmacksmerkmale gespeichert als bei einem schnellen gedanklichen Erinnerungsversuch aufzufinden sind.

Wenn wir alle angenehmen und herausfordernden Wahrnehmungen, die wir in der Nähe eines bestimmten Menschen empfinden, als Spielformen der erotischen Sinnlichkeit betrachten, so können wir die Annäherung, die Berührung und schließlich die Vereinigung mit dem geliebten Menschen als ein Festival der Sinne bezeichnen.

Das immer wieder neue, oftmals völlig unbewußte Streben nach diesem Festival der Sinne (sehen, hören, fühlen, schmecken und riechen) ist es, das die Menschen Raum und Zeit vergessen läßt – bis alle Sinne erfüllt sind.

Mancher mag nachher einen Apfel essen, manche mögen's vorher: «Apples make better lovers!» Vielleicht stimmt's. Unzweifelhaft regt er alle fünf Sinne an, vorher oder hinterher.

Robinie (Scheinakazie) (Robinia pseudoacacia)

Ich empfinde mich heute kalt, abweisend, eitel, stur, unachtsam. Ich wünsche mir mehr …

Kontaktbereitschaft

«Vom Baum lernen
der jeden Tag neu
sommers wie winters
nichts erklärt
niemanden erzeugt
nichts herstellt.
Einmal werden die Bäume die
Lehrer sein …
… und das Lob so leise wie
der Wind an einem Septembermorgen.»

Dorothee Sölle

Vom Baum lernen! Wenn wir ihn nur sehen, ihn wahrnehmen, ihn erkennen, ihn beachten, auf ihn zugehen, auch eine bizarre Schönheit als Schönheit erkennen!

Bizarre Schönheit, so könnte ein Pseudonym der Robinie lauten. Bizarr ihr Geäst, ihre Zweige und ihre feste grobe Borke. Was ist von diesem Baum zu lernen?

Kennen Sie Robinien? Vielleicht haben Sie diesen Namen nie gehört, nie dieses bizarre Wesen am Wegrand entdeckt und beachtet? Unsere Städte und Dörfer sind voll von Robinien. Außerhalb der Wälder dürften sie an Zahl die bekannteren Eichen, Kiefern, Ulmen und viele andere weit übertreffen. Wo sie einmal angepflanzt wurden, vermehren sie sich durch Wurzelausläu-

125

fer und durch die Saat ihrer Schotenfrüchte. Sie sind besonders widerstandsfähige Stadtbäume, und ihr Holz ist hart und vielseitig verwendbar. Wer aber kennt sie?

Im Vorfrühling ragen die Robinien mit ihrer auffallend borkigen Rinde nackt und kahl dem schon wärmenden Märzhimmel entgegen; der Stamm meist krumm und mehrkronig, die Äste sperrig verwachsen, eine bizarre Schönheit.

Spät austreibend, entfalten sie im Frühjahr ein zartfein gefiedertes Blattwerk, zunächst hellgrün, zuweilen gelblich-grün, später nachdunkelnd zu stattlicher Fülle: eine Filigranarbeit der Natur. Die Zartheit der unpaarig gefiederten Blätter verleiht ihnen ein zart-zierliches Aussehen.

Mit dem Erscheinen der weißen Blütentrauben stehen sie im Juni in vollem Schmuck. Nicht nur eine grün-weiße Augenweide, vor allem nun auch eine reiche Baumweide für Bienen und Hummeln. – Erst jetzt fällt manch einem auf, daß der Baum wohl schon immer da gestanden haben muß, wo er jetzt blüht und seinen zauberhaften Blütenduft verströmt.

Um diesen Augenblick der Aufmerksamkeit, der Achtsamkeit wahrzunehmen, bedarf es der Bereitschaft des einzelnen, sich auch auf das «scheinbar Unscheinbare» einzulassen: Erinnert die überraschende Schönheit der Robinie nicht auch an andere angenehme Überraschungen? An einen Menschen beispielsweise, den Sie lange Zeit nicht beachtet haben, bis Ihnen jetzt eine seiner angenehmen Seiten auffällt?

Wie oft genügt ein freundliches Lächeln, ein liebes Wort, eine angenehme Stimme, eine sanfte Berührung, ein standgehaltener Blick, vielleicht auch der Hauch eines verlockenden Parfums, und schon wird aus einer «grauen Maus» ein attraktives Wesen, ein Mensch, der Gedanken anzuregen vermag, der den Wunsch nach einer erneuten Begegnung weckt.

Hinter den Gesichtern der Menschen, deren Weg Sie kreuzen, können Schätze verborgen sein, hinter den Gesichtern der Nachbarn aus dem übernächsten Haus, der Kollegen aus anderen Betriebsabteilungen, der schweigsamen Club-Mitglieder, hinter den Gesichtern jener Menschen, die Sie immer wieder sehen und doch nie bewußt wahrgenommen haben – vergleichbar den zahllosen Robinienbäumen, an denen Sie im Leben schon achtlos vorbeigegangen sind.

Ich wünsche Ihnen ein wachsendes und wohlwollendes Interesse an Ihren Mitmenschen: Hinter jeder bizarren Schönheit verbirgt sich die naturgegebene Fähigkeit der Entfaltung und des Erblühens zur gegebenen Zeit. Für die Robinie ist das der Sommer, für Ihre Mitmenschen ist es der Tag, an dem sie Ihre Beachtung und Ihre Zuwendung erfahren.

Jede Robinie, auch die kahlste mit ihrem bizarren Geäst im Winter,

Abb. 63　Robinie, die ‹schöne Unbekannte› am Wegrand …

Abb. 64   Blütentrauben und Blattwerk Anfang Juni

Abb. 65   Robinie, City-Schmuck in Köln

möchte Sie daran erinnern, sich auch den unscheinbaren Menschen zuzuwenden. Und wenn Sie eine «bizarre Schönheit» zum Entfalten und Erblühen gebracht haben, sollten Sie der nächsten Robinie, die Sie erspähen,
ein heimliches liebevolles Lächeln widmen. Sie wird es ganz sicher verstehen!

Ich empfinde mich heute fremdenfeindlich, nationalistisch.
Ich wünsche mir mehr …

Fremdenliebe

Das Herkunftsgebiet dieses auffallend schlanken Schmuckbaumes, das Tal des Drina-Flusses in Serbien und Bosnien, ist auf nur wenige Quadratkilometer begrenzt. Und doch hat dieser edle Schmuckbaum die Herzen der Baumfreunde in weiten Teilen der Welt, vornehmlich in Europa, erobert.

Die serbische Fichte zeigt mit ihrer Verbreitung symbolisch die Integration des Fremden in der angestammten Welt des Heimischen. Und sie kann uns ohne große Gedankensprünge auf zentrale Themen hinlenken wie die «Ausländerproblematik» der reichen Nationen, Städte und Gemeinden.

Daß ausgerechnet sie als Symbol für die schöne Ausländerin steht und einen Beitrag zum friedlichen Nebeneinander und Miteinander der Menschen unterschiedlicher Nationalität leistet, kann angesichts des Krieges in ihrer Heimat verdeutlichen, wie unsinnig Nationalismus und Rassismus sind und wie wesentlich es ist, solche Haltungen zu überwinden.

«Deutschland den Deutschen!» – «Ausländer raus!»

Irland den Iren – Kurdistan den Kurden – Palästina den Palästinensern – Armenien den Armeniern – Kroatien den Kroaten – Bosnien den Bosniern – Serbien den Serben – «Ausländer raus!» So oder ähnlich lauten die Parolen derer, die aus der Gnade ihrer Geburt das Recht ableiten, das Geburtsland für sich allein zu beanspruchen. Wie vernunftswidrig das nationalistische Denken ist, wird überdeutlich, wenn wir die Partnerinnen der Ausländer mit ins (Wort-)Spiel bringen: «Ausländerinnen raus!» – Wer hat diese schwachsinnige Parole je gehört oder gelesen, obwohl die Ausländerinnen ebensoviele Wohnräume und Arbeitsplätze beanspruchen wie die Ausländer? Hier spielt der Sprachgebrauch den Realitäten einen Streich …

Die charmante Französin – die rassige Italienerin – die feurige Spanierin – die lockere Dänin oder Schwedin – die temperamentvolle Ungarin, Polin oder Tschechin – die lustige Holländerin – die anschmiegsame Thailänderin – die treue Philippinin – die freundliche Türkin – die vornehme Inderin – die fleißige Pakistanin – die schöne Afrikanerin – die verspielte Amerikanerin – die geheimnisvolle Chinesin – die tüchtige Japanerin!

Beliebte, stark von Männerhirnen geprägte Klischees! Die Frau als Frau, als Objekt sinnlicher Träume und lustvollen Begehrens läßt selbst den engstirnigsten Nationalisten sein Vorurteil Ausländern gegenüber vergessen.

Mit der Formulierung «Ausländer raus! – Ausländerinnen rein!» würde sicherlich ein großes Stück Ehrlichkeit in die Parolen mancher Fremdenhasser getragen.

Die Gründe für die Ablehnung von Neuankömmlingen kennen wir aus der Tiefenpsychologie: Im Wolfsrudel, in der Nilpferdherde, in der Pavianhorde und in vielen anderen Tiergruppen wird jeder Neue angeknurrt und verbissen, vor allem von den Weibchen und den Futterplätzen vertrieben. In der Rottenhierarchie werden die Neuen auf den untersten Rang verwiesen und müssen lange um ihre Anerkennung kämpfen. Im Vokabular der Tiere fehlt das Wort «Toleranz». Menschen jedoch, die dieses Wort gehört und auch verstanden haben, besitzen die Fähigkeit, die Spielregeln der Herde aufzuheben und Neue kampflos einzulassen. Für sie wird unbedeutend, ob ein Alteingesessener oder ein Neuankömmling den besseren Arbeitsplatz oder die größere Wohnung bekommt, wenn die Leistung oder das Wohnverhalten gleichwertig dastehen. Das Wesen eines Mitmenschen zu erkennen, sein Anderssein zu akzeptieren, das unterscheidet den Toleranten von den Wölfen, den Nilpferden und den Pavianen.

Toleranz – Integration – Menschlichkeit – Nächstenliebe – Gastfreundschaft – Fremdenliebe, das sind Begriffe, die dem wohlwollenden friedlichen Miteinander und Nebeneinander dienen. Es sind letztlich Verhaltensweisen, die wirklich, und das heißt wirksam (!), gelebt werden wollen.

Wem es gelingt, im Sinne des Wortspiels die Männer aus anderen Kulturen mit einem ähnlichen Wohlwollen zu bedenken wie deren Frauen und Töchter, der macht in seinem Herzen aus Ausländern Mitmenschen.

Abb. 66   Serbische Fichte im Vorfrühling

Abb. 67   Anpflanzung als Windschutz

Abb. 68   Serbische Fichten als Vorgartenschmuck

Die vielen Serbischen Fichten, die Sie in den nächsten Tagen in den Vorgärten Ihres Wohnbereichs entdecken werden, mögen Sie, jede einzeln, an eine schöne Ausländerin erinnern, vielleicht auch an deren Mann oder deren Freund, der ein wunderbarer Mensch sein kann. Vielleicht ist er netter, höflicher, freundlicher, zuverlässiger, ehrlicher, aufrichtiger als Ihr bester Freund. Sie sollten ihn nur kennen.

Ich empfinde mich heute verlassen, verloren, traurig. Ich wünsche mir mehr ...

Verstehen in Stille

«An den Wassern zu Babel saßen wir und weinten, wenn wir an Zion dachten.

Unsere Harfen hängten wir an die Weiden dort im Lande.

Denn die uns gefangen hielten, hießen uns dort singen und in unserem Heulen fröhlich sein.»

Nach diesem traurigen Anfang des Klagepsalms 137 erhielt die ursprünglich aus China stammende Zierweide zunächst den Namen «Babylonische Trauerweide». Durch Einkreuzung der heute seltenen Salix babylonica mit der heimischen Silberweide entstand die heutige Mischform, ein Schmuckbaum in unzähligen Parks, Baumanlagen und Vorgärten, im Frühjahr übrigens einer der ersten frühaustreibenden Bäume unserer Regionen.

Jeder Tropfen Wasser, den die Wurzeln der Trauerweide aufnehmen, gelangt zum Stamm, steigt in den saftführenden Poren nach oben und wird zur Umkehr in die tiefhängenden Zweige nach unten geführt. Aufstreben und Umkehren heißt der Weg der Säfte in der Trauerweide mit ihrem fast schleierartig hängenden dünnen Gezweig.

Aufstreben und Umkehren sind auch die Merkmale des Menschenlebens, wobei das Aufstreben, vergleichbar dem Weidenstamm, mächtiger und augenfälliger erscheint als die den hängenden Zweigen vergleichbare Umkehr.

In dem Wort «Trauerfall», wie in dem Wort «Fall» an sich, schwingt stets die Bewegung von oben nach unten mit, eine Bewegung, die ja nur aus einer bestimmten Höhe erfolgen kann. So bezeichnet das Wort «Trauer» denn auch die Empfindung des Verlustes eines «hoch»-geschätzten Wesens oder eines «hoch»-wertigen Gegenstandes. Wenn schon der Verlust eines soeben erhaltenen und schon zerstörten Geschenkes traurig stimmen kann, so zieht der Verlust eines mit «hohen» Erwartungen belegten Menschen – durch Abwendung, Abschied oder gar durch Tod – noch tiefer nach unten, hinab auf den Boden der zunächst unfaßbaren Wirklichkeit, zuweilen in noch tiefere Abgründe des Nichtverstehens.

Die Trauer beim Tod eines nahestehenden Menschen führt uns zunächst die Bilder der gemeinsamen Vergangenheit vor Augen und macht uns bewußt, daß diese nicht mehr wiederholt werden kann und wie machtlos wir Menschen dieser Veränderung gegenüberstehen.

Diese Art von Trauer bezieht sich immer auf uns, die wir als Hinterbliebene weiterleben.

Bestand zwischen uns und dem Verstorbenen eine wahre Liebe, dann bewegt uns zudem die Trauer darüber, daß der Verstorbene sein Leben mit allem, was ihm lieb und wert war, nicht in Freuden fortführen kann. Diese Trauer ist eine liebevolle Trauer und sie währt ungleich länger als die Trauer über den Verlust.

Nahezu sechs Milliarden Menschen beherbergt heute die Erde. Das sind ebensoviele verschiedene Wege zur Erfüllung einer ganz spezifischen Lebensaufgabe, alle unterschiedlich lang und schwer und alle ein Teil des großen Ganzen. Deshalb kann ich allen, die jemanden in den Tod verloren haben, nur von Herzen wünschen, daß sie alsbald erkennen, wie werthaltig dieses abgeschlossene Leben gewesen ist, wieviel Raum dieser Mensch zur Selbstverwirklichung gefunden und wieviel Schönes, Erhebendes und Erfüllendes das Leben ihm beschert hat.

Die zeitliche Länge eines Lebens ist nicht berechenbar. Deshalb ist mit Verstand oder Logik auch nicht zu erfassen, warum manche Menschen ein hohes Alter, andere ein kürzeres oder sehr kurzes Leben zu bestehen haben. Wer einen jungen Menschen verliert, einen Ehepartner, einen Verlobten, einen Bruder oder eine Schwester oder ein eigenes Kind, kommt oft über die Frage «Warum so früh?» lange Jahre nicht hinweg. Nur wem es gelingt, aus seiner Trauer die Zeit-Logik auszuklammern, wird in der Erkenntnis Licht finden, daß sich auch ein junges Leben in Würde erfüllen kann. Nur wer die Würde auch der kleinsten oder jüngsten Verstorbenen entdecken und anerkennen kann, kommt über den Gedanken der Ungerechtigkeit hinaus, daß ein junges Leben beendet wurde, während viele Alte weiterle-

Abb. 69   Das grüne Trauerkleid im Hochsommer

Abb. 70   Trauerweide im späten Licht. Stadtgebiet Bonn

Abb. 71 Der gewundene Stamm des Baumes von Seite 140

ben dürfen. Wer Dank dafür empfinden kann, einen Menschen bis zum Ende, vielleicht bis zum Ende eines nur kurzen Lebensweges begleitet zu haben, und wer sich darüber freut, daß hier ein Leben seinen eigenen Sinn – und nicht den Sinn von uns Hinterbliebenen – erfüllt hat, der klammert sich nicht über den Tod hinaus an einem Menschen fest, sondern erweist dem Verstorbenen eine menschenwürdige Ehre. So verstehe ich Liebe über den Tod hinaus.

Wenn Ihnen eine mächtige Trauerweide am Weg auffällt, dann bedenken Sie alles eben Gelesene einmal nicht nur im Hinblick auf Verstorbene, sondern in bezug auf Ihr eigenes Leben. Auch Ihr Weg ist vorgezeichnet, und niemand weiß um das Ende.

Betrachten Sie die langen dünnen Zweige der Trauerweide, des Baumes der Stille und der Umkehr. Sie werden erkennen, daß in den Zweigen Kraft und Leben steckt, auch auf dem Wachstumsweg von oben nach unten. – Dabei mag die besondere Biegsamkeit der Weidenruten Sie an die Auflösung eigener Starrheiten erinnern, die nur Ihnen selbst bekannt sind und die es loszulassen gilt.

Der frühe Blattaustrieb der Trauerweide im Vorfrühling, der die hängenden Zweige in zartes Gelbgrün hüllt, gehört zur Sprache dieses Baumes: Das aufstrebende Wachstum des Stammes und die Stärkung seines gesamten Erscheinungsbildes in jeder Vegetationsperiode sind begleitet von der Umkehr der Lebenssäfte in den herabhängenden Zweigen. Auf und Ab bilden eine Einheit.

*Ich empfinde mich heute schutzlos, wehrlos, ausgeliefert.
Ich wünsche mir mehr ...*

Geborgenheit

«Den Eichen sollst du weichen, die Buchen sollst
du suchen.»

Diese früher bekannte (Über-)Lebensweisheit
bezog sich auf die Blitzschlaggefahr bei Gewit-
tern. Ob die Richtigkeit jemals statistisch nachgewiesen wurde, entzieht sich meiner Kenntnis.

Der Eindruck von Schutz und Geborgenheit
unter dem dichten Laubdach einer mächtigen
Buche ist jedenfalls geblieben. Und wer im Wald
vom Regen überrascht wird, darf sich freuen, unter einer vollbelaubten Buche einige Minuten
lang einen sicheren Unterstand zu finden: Die
Anzahl und die Stellung der Blätter leiten die
meisten Regentropfen ab, und zwar vom Stamm
weg nach außen hin.

Die Verbindung zwischen der natürlichen Geborgenheit unter einer Buche und der Geborgenheit, die wir im sozialen Gefüge unserer Umwelt
oder bei einem einzelnen vertrauten Menschen
genießen, ist gedanklich leicht herzustellen oder
nachzuvollziehen:

Am Anfang des Lebens genügt ein einziger
Mensch, die Mutter, um uns ein Gefühl von Geborgenheit zu vermitteln. Neben die Mutter treten dann der Vater, Verwandte, später Freunde,
Partner, Ehegatten, aber auch Arbeitgeber, So-
zialeinrichtungen, Sicherheitsorgane und anderes hinzu, die alle einzeln oder als ganzes Geborgenheit als Schutz vor Gefahren bieten.

Auch Gruppen von Gleichgesinnten stellen

Horte der Geborgenheit dar. Die Zugehörigkeit zu einer Gruppe fördert sehr bald ein oft undefiniertes Geborgenheitsgefühl, und das Wissen um diese Zugehörigkeit gestattet dem einzelnen, aus dem Mantel der Geborgenheit heraus selbständig eigene Schritte zu wagen.

Diese Art von Gruppenzugehörigkeit und die daraus erwachsende Geborgenheit empfinden die Punks und Rocker in ihren Cliquen, die Hooligans in ihrer Rotte, die Teilnehmer an politischen Großdemonstrationen auf den Marktplätzen, die Gläubigen auf dem österlichen Petersplatz in Rom genauso wie die Mannschaftsmitglieder im sportlichen Wettkampf oder die Stadtstreicher abends im Obdachlosenasyl. Unter Gleichgesinnten zur selben Zeit und am selben Ort zu sein bewirkt Gruppenempfinden und Abschirmung nach außen: Geborgenheit.

Die kleinste denkbare Gruppe sind zwei Menschen. Geborgenheit in der Partnerschaft oder der Ehe steht deshalb neben der Liebe in der Rangliste der psychischen Bedürfnisse ganz weit vorn. Wie erleben Sie diesbezüglich Ihre Partnerschaft?

Haben Sie einen Menschen an Ihrer Seite, bei dem Sie sich ganz geborgen fühlen können? Der Sie aufnimmt mit Ihren Ängsten und Ihrer Furcht vor den Gefahren des Alltags? Der Ihnen hilft, wenn Sie um Hilfe bitten? Und der sich schützend vor Sie stellt, wenn Sie angegriffen werden?

Oder in Umkehrung der Frage: Haben Sie einen Menschen, der sich bei Ihnen ganz geborgen fühlen kann? Dem Sie Schutz bieten, den er vor anderen sucht? Der sich mit Ihnen zusammen erst sicher fühlt?

Wenn Sie eine der Fragen oder gar beide verneinen müssen, dann drängt sich die Frage nach Ihrer eigenen sozialen Integrität auf. Gehören Sie keiner Gruppe an, keinem Verein, Club, Kreis? Empfinden Sie bei keinem bestimmten Menschen Geborgenheit, und können Sie selbst niemandem Geborgenheit bieten?

Dann wird es Zeit, Geborgenheit neu zu lernen. Ja! Geborgenheit ist lernbar, und zwar dadurch, daß Sie es wagen, Verantwortungen zu übernehmen, Verantwortungen oder Patenschaften, hier oder dort mal eine kleine Führungsrolle, eine «Schirm»herrschaft. Versuchen Sie vor allem im zwischenmenschlichen Bereich die Schwächen anderer wahrzunehmen und ihnen liebevoll (und nicht oberlehrerhaft) darüber hinwegzuhelfen. Dann werden sich Menschen in Ihrer Nähe geborgen fühlen können. Und wer Geborgenheit bietet, wird auch Geborgenheit finden.

Für den Anfang sollten Sie sich eine mächtige Buche als Symbol der Geborgenheit aussuchen. Sie erkennen sie leicht am meist säulenförmig hohen Stamm mit glatter und ebenmäßig steingrauer Rinde.

Mit etwas Glück oder Geduld finden Sie vielleicht auch eine im Früh-

Abb. 72 Eine Buche erleben, sich geborgen fühlen …

Abb. 73   Prächtige Buche bei Solingen

Abb. 74 Blutbuche im Park Schloß Lerbach. Bergisch Gladbach

jahr dunkelrote Blutbuche, die Sie an die Zeit Ihrer höchsten Geborgenheit erinnern mag: an die Zeit im Mutterleib, als Sie nur in der Geborgenheit des mütterlichen Körpers, von deren Blut versorgt, Ihre Lebensfähigkeit erlangten.

Wie wär's, wenn Sie sich einer Buche zum Paten anböten? Vielleicht zum Dank für erfahrene Geborgenheit …

Meist empfinde ich mich sachlich und nüchtern.
Ich glaube nur, was ich sehe.
Manchmal wüßte ich allerdings gern mehr über …

Verborgene Weisheiten

Was sind «verborgene Weisheiten» und warum sind hier gleich drei Zedern-Arten genannt?

Weisheit an sich ist gelebtes Wissen, ist die Summe gelebter Erfahrungen im Einklang mit Erkenntnissen und Verständnis der wesentlichen Lebenszusammenhänge. Weisheit bildet sich im Laufe eines Lebens aus dem Ich heraus, verbindet sich mit den Erfahrungen des Selbst und stellt sich für jeden Menschen unterschiedlich ein, selten schon in jungen Lebensjahren, meist erst, wenn ein Mensch durch seine Lebensereignisse genügend geprägt ist. Dann kann Weisheit auch für andere offen erkennbar werden.

Es gibt verborgene Weisheiten, die nicht einem einzelnen gehören, sondern als Frucht der Menschheitsgeschichte überliefert sind. Der einzelne kann sie wahrnehmen, dann bestenfalls nachvollziehen und nachleben. Diese Weisheiten warten auf die Aufgeschlossenheit des Individuums. Sie entscheidet, ob oder wie weit jemand die Weisheit an sich herankommen läßt, sie vielleicht in sein Leben übernimmt.

Verborgene Weisheiten sind oft verschlüsselt und dann nur durch die Kenntnis ihrer jeweiligen Symbolsprache zu verstehen. Immer haben Eingeweihte, oft die Priesterinnen und Priester,

149

das Bewahren und die vertrauliche Weitergabe der Weisheiten innegehabt. Hinzu kommt, daß die Mehrzahl der verborgenen Weisheiten niemals für die ganze Menschheit, sondern immer nur für die Menschen einer bestimmten Verständnis-Ebene zugänglich waren und sind. Es ist allerdings auch festzuhalten, daß oft die erste Berührung mit einer dieser Weisheiten schon Schlüssel zu ihrem Zugang vermittelt.

Deshalb werden sich auf den folgenden Seiten drei Türen einen ganz schmalen Spalt weit öffnen, um einen winzigen Blick in verborgene Weisheiten zu gestatten. Dem Eingeweihten werden die Ausführungen viel zu knapp vorkommen, den Ahnungsvollen werden sie bestärken, sich mit den Dingen näher zu befassen, und für den völlig Unbedarften werden sie ein erstes Anklopfen an die geheimen Türen sein.

Für die ägyptische Weisheit steht die Libanon-Zeder, für die indische Philosophie die Himalaya-Zeder und für die weltumspannende Bruderkette der Königlichen Kunst steht hier erstmals die Atlantische oder Atlas-Zeder.

Es handelt sich um drei Zedernarten, die weltweit in den gemäßigten Zonen verbreitet sind. Alle drei waren in ihrer jeweiligen Heimat berühmt für die Qualität des Zedernholzes. Zedernöl war das Salbungsöl für die Könige und Hohenpriester. Heute werden alle drei Zedernarten auf der ganzen Welt wegen ihrer stattlichen Schönheit als Zierbaum in Parks und Baumanlagen gehegt.

Zedern können sehr alt werden: die ältesten lebenden Libanon-Zedern sind heute über 3 000 Jahre alt. Allein deshalb sind Zedern für dieses Kapitel die geeigneten Bäume.

Wie viel Wissen, Erkenntnis und Weisheit durfte die Menschheit in nur einem einzigen oder in nur wenigen Zedernleben ansammeln und weitergeben? Tausende von Jahren Entwicklung der Zivilisation zum Beispiel können eine einzige Zederngeneration begleiten. Die Ausstrahlung der Energiefelder einer auch nur hundert Jahre jungen Libanon-Zeder übertrifft spürbar die aller anderen heimischen Bäume. Und wem es zunächst schwerfällt, die Ausstrahlung von Bäumen überhaupt wahrzunehmen, der stelle sich unter eine solche Zeder. An der Libanon-Zeder läßt sich die Wahrnehmung der Energiefelder eines Baumes am sinnvollsten einüben. Danach wird es mit anderen Bäumen in ähnlicher Weise gelingen.

Drei typische Vertreter ihrer Art.

Abb. 75 oben:
Libanon-Zeder im Stadtbild Brühl. Markant die breite mehrstämmige Krone. Farbe bläulich grün

Abb. 76 oben rechts:
Himalaja-Zeder in Bad Honnef.
Der Wipfel ist einstämmig und die Äste weit ausladend und abwärts gebogen. Farbe grün, weniger blau

Abb. 77 rechts:
Atlas-Zeder in Bergisch Gladbach. Pyramidenförmiger Wuchs, einstämmig. Äste aufwärts, Zweige abwärts. Farbe meist grünlich blau

Die ägyptisch-griechische Weisheit

Alexander der Große (356–323 v. Chr.) brachte, so sagt es eine seiner vielen Lebenslegenden, einst von einem seiner Züge nach Ägypten eine beschriftete Steintafel mit ins heimatliche Griechenland. Die Tafel, damals bereits als wertvolles altertümliches Relikt erkannt, wurde in der Schule des Aristoteles entschlüsselt, übersetzt und für den esoterischen Schulbereich ausgelegt.

Die Tafel selbst, heute als «tabula smaragdina» bekannt, ist verschollen, erhalten sind nur die auf Abschriften beruhenden Überlieferungen. Der Text der Smaragd-Tafel wird auf Hermes Trismegistos, einen ägyptischen Priester und Eingeweihten zurückgeführt. Diese Bezeichnung ist ihm allerdings erst im christlichen Griechenland zugelegt worden. Sie bedeutet soviel wie «Hermes, der Dreimalgrößte», wohl der Allergrößte. Oft wird diese Weisheit noch weiter zurückdatiert: auf Thot, den ägyptischen Mondgott, den Gott der Weisheit, der Rede, der Schrift und der Magie.

Auf der Tafel sollen fünfzehn Thesen aufgeführt gewesen sein, Thesen, deren Aussagen heute immer noch gültig sind. Sie bieten auch dem Menschen unserer Zeit auf seiner Suche nach Verständnis einen Wegweiser für das Leben.

Abb. 78   Libanon-Zeder: spürbare Urkraft, Energie zum Anfassen

Die überlieferten fünfzehn Thesen der Tabula Smaragdina:

1. Es ist wahr, ohne Lüge, gewiß und wahrhaftig.
2. Das, was unten ist, ist gleich dem, das oben ist. Und das, was oben ist, ist dem gleich, das unten ist, um die Wunderdinge des Einzigen Ganzen zu vollbringen.
3. Und ebenso sind von dem einigen Ganzen alle Dinge geschaffen in der Ausdehnung eines einzigen Ganzen. Also stammen von diesem einzigen Ganzen auch alle anderen Dinge in ihrer Nachahmung.
4. Der Vater des Ganzen ist die Sonne, der Mond die Mutter.
5. Der Wind hat es in seinem Bauch ausgetragen.
6. Die Säugamme des Ganzen ist die Erde.
7. Nur bei diesem einzigen Ganzen ist die Vollkommenheit der ganzen Welt zu erfahren.
8. Die Kraft dieses Ganzen bleibt erhalten, auch wenn das Ganze auf der Erde umgekehrt wird.
9. Die Erde ist vom Feuer geschieden, das Feine vom Groben, die Liebe vom Verstand.
10. Es verbindet die Erde mit dem Weltall und das All mit der Erde und speichert die Kraft der oberen und unteren Dinge.
11. So wird dir die Herrlichkeit der ganzen Welt zuteil und aller Unverstand wird von dir weichen. Du wirst alles verstehen. Dieses einige Ganze ist von allen Kräften die stärkste Kraft, weil es alles Feine durchdringt und alles Feste überwindet.
12. Von dieser Art ist alles auf dieser Welt.
13. Auch alle Nachahmungen verstehen sich so.
14. Und so bin ich der, der ich die drei Teile der Weisheit der ganzen Welt in mir trage: Religion, Medizin und Astrologie.
15. Was ich hier vom Werk der Sonnen gesagt habe, darin fehlt nichts. Es ist vollkommen.

Auf der Grundlage dieser Thesen entstand die ‹Hermetische Philosophie› mit ihren sieben Gesetzen:

1. Das Gesetz der Geistes
2. Das Gesetz der Entsprechung
3. Das Gesetz der Schwingungen
4. Das Gesetz der Polarität
5. Das Gesetz des Rhythmus
6. Das Gesetz von Ursache und Wirkung
7. Das Gesetz des Geschlechts

Abb. 79 Libanon-Zeder im Siebengebirge

Die sieben Gesetze können in ihren Bedeutungen sehr gerafft folgendermaßen wiedergegeben werden.

1. Das Gesetz des Geistes
In der hermetischen Philosophie wird mit der Bezeichnung «das einige Ganze» – oder auch in neuerer Form «der Alles» – auf nichts anderes hingewiesen, als auf *Gott*. Das *einige Ganze* ist nach Hermes Trismegistos der Geist, der unmeßbar und undefinierbar alles durchdringt, der die Schöpfung mit aller Materie selbst ist, mit allem Leben, mit allen Energien und Kräften. Das *einige Ganze* ist Geist. Und alles ihm untergebene, also auch das ganze Universum, ist geistig. Alles ist vom *einigen Ganzen* (= Gott) durchdrungen, aber auch in ihm enthalten und trägt es ebenso in sich.

2. Das Gesetz der Entsprechung
Der Kern dieses Gesetzes sagt aus, daß alles im Universum den gleichen Gesetzen, besser: dem selben Gesetz unterliegt.

«Wie oben, so unten» heißt, daß sich der Makrokosmos, die große Welt der Natur und des Alls im Kleinsten, dem Mikrokosmos, in der «kleinen Welt» der Atome mit ihren noch viel kleineren Bauelementen, widerspiegelt. So stellt jedes Atom mit seinem Kern und den Elektronen und Neutronen ein mikrokleines Sonnensystem dar. Und genauso wie viele Sonnensysteme eine Galaxie bilden und viele Galaxien eine Milchstraße, so bilden die Anhäufungen von Atomen die Moleküle und deren Anhäufungen die Masse.

Wie dieses Gesetz auf der physikalischen Ebene gilt, so gilt es analog auf den Ebenen des Seelischen und des Geistigen. Physikalische, seelische und geistige Ebene greifen sogar nahtlos ineinander und korrespondieren miteinander.

3. Das Gesetz der Schwingungen
Im ganzen Universum gibt es nichts Ruhendes, alles ist durch Schwingung in sich selbst und im Ganzen in Bewegung, wieder im Großen wie im Kleinen. Und da Seele und Geist ebenso wie die Materie nichts anderes als Schwingungen sind, ist vorstellbar, daß Geist durch Materie beeinflußbar wird, aber auch Materie durch Geist, oder Seele durch Geist oder Materie, und schließlich jede der drei Ebenen durch jede andere oder deren Summe.

Ändert sich eine der drei Ebenen, so werden die beiden anderen mitbeeinflußt. Wenn nun aber unsere Gedanken Schwingungen sind, also wirksame Kräfte, folgen aus einer Änderung von Denkmodellen die Veränderungen der Lebensführung und Lebenserfüllung. D.h.: Jeder Gedanke zieht

Abb. 80 Gepflanzt 1720 in Weinheim: Deutschlands wohl älteste Libanon-Zeder
im Schloßgarten zu Weinheim an der Bergstraße

das Bestreben um seine Verwirklichung nach sich. Die Grundlagen des «Positiven Denkens» sind tatsächlich einige Tausend Jahre alt …!

4. Das Gesetz der Polarität
Dieses Gesetz steht für die Erkenntnis, daß alles Sein und alles Geschehen sich zwischen zwei begrenzenden Polen abspielt und dabei mehr oder weniger zur einen oder zur anderen Seite hin tendiert.

Licht kann ohne Finsternis nicht erklärt werden. Wärme und Kälte, Höhe und Tiefe sind, als einfachste Beispiele, solche Polaritätspaare.

Alles was ist, kann innerhalb seiner eigenen Polaritätsschiene zu einem der beiden Pole hin verändert werden. Nichts ist unpolar oder starr. Wer dieses Gesetz mit dem der Schwingungen vereinbaren kann, wird sich jederzeit aus einem einmal aufgetretenen Tief ohne fremde Hilfe selbst wieder herausheben. Er braucht nur seine Gedankenkraft auf den angestrebten Pol zu richten und störenden Gedanken des Gegenpols auszuschalten. – Das ist durch Training erlernbar und bildet den Grundgedanken aller Kapitel in diesem Buch.

5. Das Gesetz des Rhythmus
So wie alles Sein Schwingung ist, stellt sich alles Geschehen als Rhythmus dar. Aufgang und Untergang, Zeugung und Ableben, erfolgreiche und arme Lebensjahre, alles pendelt jeweils auf einer Polaritätsschiene hin und her. Die Regelmäßigkeit des Verlaufs der Gestirne, die Gezeiten von Ebbe und Flut, sie belegen diesen Rhythmus stellvertretend für alle übrigen Bewegungen des Makrokosmos wie des Mikrokosmos, einschließlich auch aller geistiger und seelischer Bewegungen.

Es gibt keinen Stillstand. Alles fließt und wogt, hin und zurück. Wer sein Leben nach der Erkenntnis dieses Gesetzes ausrichtet, dem wird es gelingen, stets das Pendel vor dem Rückschlag loszulassen und ein neues anderes zu ergreifen, das gerade zum Plus-Pol ausschlägt, auch wenn es sich dabei um einen anderen Bereich handelt. Loslassen ist keine Zauberformel, sondern die Polarität des Zugreifens.

6. Das Gesetz von Ursache und Wirkung
Aus der Sicht dieses Gesetzes hat jede Ursache ihre Auswirkungen, und jede Auswirkung beruht auf ihren Ursachen. Demzufolge dürfte es das Wort «Zufall» gar nicht geben, bestenfalls in dem Sinne, daß jemandem das *zufällt*, wofür er selbst bereits Ursachen gesetzt hat. Das bedeutet aber auch, daß für jede erwünschte Auswirkung zuvor die entsprechenden Ursachen (… gleich Weichenstellungen) gesetzt werden wollen.

Abb. 81 Libanon-Zeder in Solingen

7. Das Gesetz des Geschlechts

Als Geschlecht im Sinne dieses Gesetzes ist das stete Vorhandensein des Weiblichen und/oder des Männlichen in allen drei Bewußtseinsebenen (körperlich, geistig und seelisch) zu verstehen. Es hat also nichts mit der Sexualität im herkömmlichen Sinne zu tun. Im Sinne dieses 7. Gesetzes wird als das «Männliche Prinzip» das Positive (von lat. *ponere* = hinstellen, Position = Stellung) verstanden und die Anziehung durch das Nichtvorhandene als das «Weibliche Prinzip», die Negation (von lat. *negatio* = Verneinung = nicht vorhanden).

Das Negative zieht stets das Positive an. Dabei werden Energien frei. Ein Beispiel dafür bietet die Elektrizität. Auf der geistigen Ebene stellt das «Ich» die positive und das «Selbst» die negative Basis dar. Jeder Mensch verfügt über beide Anteile. Dabei ist als «Ich» alles Aktive, Kreative, alles, was aus dem Inneren kommt, aufzufassen. Als das «Selbst» versteht sich alles, was der Passivität, also der Aufnahme von außen unterliegt. Beide «Geschlechter» brauchen das je andere.

Die feine Unterscheidung dieses 7. Gesetzes vom 4. Gesetz, dem Gesetz der Polarität, war im alten Ägypten also bereits ein Bestandteil der Kenntnisse der Eingeweihten. Wer das Gesetz des Geschlechts mit den Begriffen «männlich» und «weiblich» beziehungsweise «positiv» und «negativ» fälschlicherweise schon als Polarität auffaßt, dem kann folgende Verbildlichung als Verständnisbrücke dienen: Zur Polarität gehören zwei Endpole einer in zwei Richtungen begehbaren «Schiene», hin und zurück sind möglich. Das Gesetz des Geschlechts dagegen beschreibt immer eine «Einbahnstraße», immer den Sog des Weiblichen, das Männliche in sich aufzunehmen, oder des Negativen, sich mit dem Positiven aufzuladen. Eine Umkehrung ist nicht möglich.

Soweit zunächst die sieben Gesetze der «Hermetischen Philosophie». Sie umschreiben das Weltwissen für die drei Ebenen des Körperlichen, des Geistigen und des Seelischen.

Sie sind die Grundlage des Gottesverständnisses für jene Menschen, die sich an das Gebot halten, sich von Gott kein Bild zu machen, und sie erklären die Grundelemente der alten griechischen wie der heutigen New-Age-Esoterik. Sie waren die Basis der mittelalterlichen Alchimie, die das Ziel hatte, Körperliches, Geistiges und Seelisches aus einem unvollkommenen Zustand durch Läuterung und Wandlung in einen vollkommenen zu überführen, und sie stellten das Grundwissen der großen Mystikerinnen und Mystiker sowie der großen Magier dar.

Selbst in der weltweiten Bruderkette der modernen Freimaurerei werden die Kriterien der auf Hermes Trismegistos zurückzuführenden Gesetze ge-

Abb. 82 Libanon-Zeder als Vorgartenschmuck

lehrt, beachtet und, in mannigfacher Symbolik verschlüsselt, den Lehrlingen und Gesellen rituell beigebracht. Darüber mehr im Kapitel über die Atlas-Zeder.

Der Anfang dieses Kapitels versprach Ihnen, einige Türen zu verborgenen Weisheiten einen Spalt weit zu öffnen. Mehr gelingt nicht, denn hinter den Türen stehen die «Wächter» die nur denjenigen einlassen, der das brennende Verlangen mitbringt, mehr zu erfahren und Licht in das Dunkel seines unerkannten Ich zu lassen.

Seien Sie getrost: Ihr Interesse, mehr zu erfahren, ist die geistige Kraft, die sich verwirklichen will und wird und die Ihnen – das Interesse nun vorausgesetzt – schon bald andere Literatur in die Hände spielt oder Menschen in Ihre Nähe führt, die Ihr Interesse verstehen und Ihre Fragen beantworten können. Nichts bleibt dem Zufall überlassen. Ihre geistige Kraft setzt die psychologisch erklärbare «selektive Wahrnehmung» ingang, und Sie werden überrascht sein, an welchen Stellen des Alltags Ihnen unerwartet Hinweise auf Ihr neues Interesse begegnen.

Behalten Sie Ihr Interesse an verborgenen Weisheiten ganz für sich. Vermeiden Sie es, zu missionieren und Freunde und Bekannte mit den neuen Erkenntnissen zu behelligen. Wertvolle und sinnhaltige Gespräche werden sich ohnehin nur mit solchen Menschen ergeben, die eine Ihnen ähnliche geistige Stufe innehaben.

Wenn Sie künftig über längere Zeit keine Gesprächskontakte über die sieben Gesetze finden, wird jede Libanon-Zeder, die Sie draußen erkennen, Sie zur Geduld ermahnen und Sie gern einmal unter ihrem Dach begrüßen. Spüren Sie an ihrer Rinde die feierliche Größe der Weisheit und die endlose Zeit ihrer Bedeutung.

Himalaja-Zeder (Cedrus deodora)

Die indische Weisheit

Der Norden des indischen Subkontinents ist die Heimat der zweiten Zeder, der Himalaja-Zeder. Auch sie ist ein Baum von außerordentlicher Schönheit, prächtigem Wuchs und wertvollem Holz. Einstämmig und mit weit ausladenden, reich verzweigten Ästen, abwärts gebogenen Zweigen und feiner zarter Benadelung galt sie bereits in alter Zeit als der heilige Baum Indiens.

In Europa und Amerika erst im zwanzigsten Jahrhundert eingeführt und verbreitet, ziert diese Zedernart heute Parks, Baumanlagen und zahlreiche private Hausgärten. Die Mehrzahl davon ist heute allerdings noch gar nicht ausgewachsen.

Indien, die Heimat dieser prächtigen Zedernart ist zugleich auch die Heimat der verborgenen Weisheit des Yoga.

Yoga, manchen vielleicht halbwegs bekannt als geheimnisvolle Körperübungen zur Beruhigung des Geistes nach den Belastungen des Alltagsstresses, gehört in die große Welt der Indischen Philosophie und stellt sich als ein Heilsweg dar, dessen Quellen mehrere tausend Jahre zurückreichen:

A. Die vedische Zeit, 1500–500 v. Chr. Sie kannte bereits die Vorstellung einer Seelenwanderung, der wirksamen Kräfte der «guten und bösen» Taten, die Karma-Theorie und schließlich Vorstellung des Nirwana und damit verbunden das besondere Bemühen um die Loslösung aus dem ewigen Kreislauf der Wiedergeburten.

B. Die brahmanisch-buddhistische Zeit, 500 v. Chr. bis 1 000 n. Chr. Sie bereicherte die vorausgegangene Zeitspanne um die «atheistisch»-buddhistische Heilslehre, näherte sich später wieder den vedischen Zielen (Vedanta, um 300–400 n. Chr.), indem sie ein «Einziges Geistiges» (vgl. das erste Gesetz der Hermetischen Philosophie) als Summe allen Seins auffaßte, welches durch Yoga verstanden und realisiert werden konnte.

C. Die hinduistische Periode, seit etwa 1 000 n. Chr. Mit dem Erlöschen des Buddhismus in Indien und den Einflüssen des Islam seit etwa 1 000 n. Chr. entstanden dort wieder monotheistische Heilslehren, die jedoch die besonderen Vorstellungen der vorausgegangenen Zeiten gelten ließen und heute noch gelten lassen.

In allen drei genannten Zeitspannen kann nachgewiesen werden, daß die feste Beziehung zwischen Körper und Geist und ihr Einsatz auf dem Wege der Vervollkommnung bekannt sind. Mehr als viertausend Jahre alte Funde zeigen bildliche Darstellungen von perfekten Yoga-Haltungen.

Gegen Ende des 19. Jahrhunderts begann mit dem Religionsphilosophen Vivekananda (1863–1902) die Ausbreitung des Yoga im Westen dieser Welt. Bereits zuvor hatten sich aber große abendländische Denker und Dichter mit Werten und Wirken der Indischen Philosophie und des Yoga befaßt: Schlegel, Hegel, Rückert, Schopenhauer und Goethe. Auch die von Helena Petrowna Blawatzky begründete Theosophie (Theosophische Gesellschaft von 1875) beruht auf der indischen Philosophie, wie auch die von ihr ausgehenden weiteren Strömungen, z. B. die Antroposophie.

Getreu der Bedeutung des Wortes «yoga» im altindischen Sanskrit besitzt das Wort in den westlichen Sprachen die Bedeutung von «Joch». Wie zwei Zugtiere, durch ein Joch verbunden, eine Last zu ziehen vermögen, verbindet der Yoga Körper und Geist, um die Seele durch das irdische Leben ihrem Ziel entgegen zu ‹ziehen›. Von den zahlreichen Yoga-Wegen ist in der westlichen Welt der Hatha-Yoga am bekanntesten und verbreitetsten. Auch nach seiner langen Entwicklungsgeschichte läßt er Raum für alle geistigen Strömungen und ist offen für Interessierte und Suchende ohne Unterschied der Gesinnung.

Der Hatha-Yoga führt zur Selbstfindung durch geistige Vertiefung in Verbindung mit der Ausübung körperlicher Übungen, die diese Vertiefung fördern. Die körperlichen Übungen werden im Gegensatz zu den westlichen Sportarten sehr langsam durchgeführt, als Anspannung, Halten der

Abb. 83   Achtzigjährige Himalaja-Zeder in Bad Honnef am Rhein

Anspannung und bewußte Entspannung. Sie erschließen damit ein Körperbewußtsein, das der geistig seelischen Reinigung dient und den Ausübenden über sein Ich-Bewußtsein hinaus seiner Selbstverwirklichung zuführt.

Die körperlichen Übungen stellen nur einen Teil des Yoga dar, während die Erzielung einer «gereinigten» Geisteshaltung im Sinne der indischen Weisheit den wirklichen, den eigentlichen Teil ausmacht.

Der Einstieg in den Yoga ist völlig unabhängig von körperlichen Voraussetzungen oder besonderen Fertigkeiten. Deshalb finden immer mehr Menschen aller Schichten und jeden Alters den Weg in die Yoga-Kurse und -Schulen.

Yoga tritt im Vergleich zum Sport sehr leise auf. Yoga wird schweigend erlernt. Es gibt keine Leistungsanforderungen, keinen Kampfgeist, somit auch keinen Wettbewerbs- oder Siegeswillen und deshalb verständlicherweise keine Wettkämpfe, keine Meisterschaften – folglich auch keine Fernsehübertragungen. Und die großen Yoga-Kongresse unterscheiden sich von kleineren regionalen Kirchentagen durch die dezente Zurückhaltung. Yoga ist eben anders.

Wem die Selbstfindung wichtiger ist als Kampfgeist und Selbstbehauptung, dem bietet Yoga einen sanften Weg zu innerer Erfüllung. Der Weg des Yoga wird, wenn man ihn beschreitet, selbst zum Ziel.

Die steigende Beliebtheit des Yoga im Westen ist nicht zuletzt auch auf das westliche Nutzendenken zurückzuführen: die Verbesserung des Körpergefühls und damit des gesundheitlichen Wohlbefindens sind rasch und nachhaltig spürbar.

Suchen Sie die Begegnung mit einer Himalaja-Zeder. Spüren Sie die geheimnisvolle Kraft, die von diesem Baum ausgeht, und öffnen Sie sich selbst dieser Kraft im Yoga!

Abb. 84 Der Yeti unter den Bäumen: Himalaja-Zeder im Kölner Flora-Park

Die Königliche Kunst

Die dritte Zeder, die eine verborgene Weisheit repräsentieren darf, ist ursprünglich zwar im nordwestlichen Afrika, im Atlas-Gebirge beheimatet, hat sich jedoch die Vorgärten und Parks der gemäßigten Zonen der Welt erobert. Besonders im nordatlantischen Großraum, in Nordamerika und Westeuropa ziert sie Parks, Baumanlagen, Friedhöfe und ungezählte private Gärten. In manchen Vorstadtsiedlungen und dörflichen Neubaugebieten der letzten Jahrzehnte hat sie die einzelnen heimischen Baumarten längst an Häufigkeit übertroffen. Jedem Häuslebauer seine Atlas-Zeder!

Ein hübscher Baum mit einigen besonderen Merkmalen: Auffallend sind die mit ungefähr 30 Grad Neigung aufsteigenden, wenig gebogenen Äste und die mit ähnlichem Neigungswinkel geneigten Zweige, sowie die helle Blaufärbung der Nadelblätter. Alles an diesem Baum erscheint irgendwie geometrisch. Da die Zweige zu beiden Seiten der Äste jeweils mit gleichem Neigungswinkel abfallen, entsteht der optische Eindruck zahlreicher offener Zeichenzirkel im Gezweig. Und da die tiefsten unteren Äste des Baumes etwa gegenständig meist einen rechten Winkel bilden, die Krone dagegen in der Silhouette spitzer zuläuft, ergibt sich eine äußere Umrißform, die – schematisiert – exakt in das Innenfeld des Erkennungszeichens der folgenden verborgenen Weisheit paßt, in das Innenfeld zwischen Zirkel und Winkelmaß.

Abb. 85   Besonders typische Atlas-Zeder in Bensberg

Abb. 86 Zedern-Fruchtzapfen

Zirkel und Winkelmaß sind, in besonderer Anordnung zueinander, das äußere Erkennungszeichen der Anhänger der Königlichen Kunst, der Freimaurer. Auch die Königliche Kunst ist wie dieser Baum weltweit verbreitet mit dem Schwerpunkt ebenfalls im atlantischen Großraum (England spielt hier eine besondere Rolle) und mit ebenfalls enger, jedoch esoterischer Beziehung zur Geometrie. Ja selbst die Hausfarbe Hellblau der Johannes-Freimaurerlogen findet sich in der Nadelfärbung der Atlas-Zeder wieder.

Nie stand dieser Baum in irgendeiner Beziehung zur Freimaurerei. Der Baum der Freimaurer ist ein anderer. Aber kein anderer Baum birgt soviele Analogien zur Freimaurerei wie die Atlas-Zeder.

Die versprochene dritte Türe zu einer verborgenen Weisheit, die Türe zur Königlichen Kunst der Freimaurerei ist schwer zu finden. Es erscheint nahezu zwecklos, sie zu suchen. Nur ein Freund, der sie bereits durchschritten hat, vermag einen Interessierten oder Suchenden an die Pforte heranzuführen. Aber auch er kann sie nicht allein öffnen, das besorgt ein Wächter nach sorgfältigen Vorprüfungen.

Was aber ist die Freimaurerei, die Königliche Kunst überhaupt? Wieviel darf ein Nicht-Freimaurer über die nach König Salomon benannte Königliche Kunst erfahren?

Die Freimaurerei führt mittels symbolischer Zeichen und Rituale fort, was die Menschheit als geheime Mysterien über den Sinn des Lebens, einen Erfahrungsschatz der Jahrtausende, erworben hat.

Ursprünglich waren es die «Freien» handwerklichen Steinmetze und Maurer der Tempel- und Dombauhütten, die die Geheimnisse der Geometrie und der Statik der Säulen, der Tragbögen, der Gewölbe und Kuppeln mündlich an ihre Lehrlinge und Gesellen weitergaben. Zu den Geheimnissen der Dombautechnik kamen die esoterischen Geheimnisse, hatte sich

Abb. 87 Majestätische Schönheit: Atlas-Zedern

doch die maurerische Verschwiegenheit (Arcan-Disziplin) als besonders zuverlässig erwiesen.

An den Mysterien waren allerdings auch viele Nicht-Steinmetze interessiert, der Adel, die Künstler, Dichter, Philosophen, Politiker, Geistlichen, aber auch die Kaufleute, Ingenieure und Handwerker. Sie fanden Zugang und galten als «angenommene» Maurer. Heute dürfte ein Steinmetz oder ein Maurermeister unter den Freimaurern eine Rarität sein. Statt der Steinmetzen finden sich in den Analen der Logen viele Namen von berühmten Persönlichkeiten: Goethe, Lessing, Puschkin, Friedrich der Große, Mozart, um nur einige Namen aufzuführen.

Sinn der heutigen Freimaurerei ist es, über die «Arbeit am rauhen Stein» (das ist die Arbeit am eigenen Selbst), das eigene Ich zu erkennen und es uneigennützig als verwendbaren Baustein für den Bau am Tempel der Humanität einzubringen. Dazu bedarf es keinerlei religiöser, politischer, parteilicher oder sonstiger Voraussetzungen, es bedarf lediglich des guten Rufes eines freien Mannes und des festen Willens, sich der Herausforderung zu stellen.

Die feierliche Aufnahme eines Suchenden als Lehrling in eine Freimaurerloge ist ein besonders prägender, unvergeßlicher Akt. Mit der Aufnahme wird ein Bruder Glied der weltweiten Bruderkette, und wohin er auch kommt, in jedem Land findet er Brüder, die ihn wiederum als Bruder an- und aufnehmen. Humanität, Toleranz und Brüderlichkeit gegenüber jedermann sind die erklärten Ziele der Entwicklung des Selbst eines jeden Freimaurerbruders und seiner Loge. Das Ich des einzelnen soll in geheimer Tempelarbeit über die Lebensmysterien einer großen Reife, im Sinne der Selbsterkenntnis und der Selbstverwirklichung, zugeführt werden.

Neben der harten «Arbeit am rauhen Stein», dem Selbst, und in der Bauhütte des «Tempels der Humanität», in der Bruderschaft, erfüllt jede Freimaurerloge auch karitative Aufgaben verschiedener Art.

Kehren wir nach diesem kurzen Blick durch einen schmalen Türspalt (mehr wäre ein Verstoß gegen die Arcan-Disziplin) noch einmal zur Atlas- beziehungsweise zur Atlantischen Zeder zurück: Wie sie auf einem breiten Wurzelwerk fußt, steht auch die Königliche Kunst, die Freimaurerei, auf langen, alten und zahlreichen Wurzeln. Sie führen zum Stamm, was ihn stärkt und was er seinen Ästen und Zweigen bis in die letzten Nadelspitzen hinein weitergibt: Beim Baum sind es die nährstoffhaltigen Säfte, in der Königlichen Kunst sind es die Mysterien des Lebens, verbunden mit der Geometrie des Seins.

Wenn Sie in der nächsten Zeit eine der vielen Atlas-Zedern erspähen, lassen Sie sich an die Existenz der Königlichen Kunst erinnern.

Mammutbaum (Sequoia gigantea)

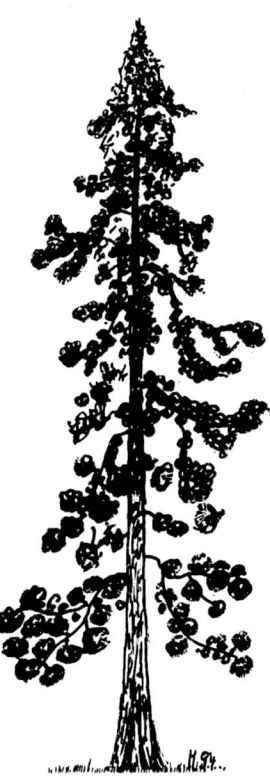

Ich empfinde mich heute kleingeistig, minderwertig, unter-
würfig. Ich wünsche mir mehr …

Größe und Geradlinigkeit

Der Mammutbaum ist das größte Lebewesen dieser Erde. In seiner kalifornischen Heimat ge-
winnt er geradezu gigantische Ausmaße: Die
höchsten unter ihnen erreichen eine Wuchshö-
he von mehr als achtzig Meter, die ältesten ein
Alter von mehr als 4000 Jahren. Das größte bekannte Einzelexemplar trägt sogar einen eigenen
Namen: Der Baum heißt «General Sherman».
Sein Stammdurchmesser beträgt am Fuß ganze
zehn Meter, das sind rund gerechnet über dreißig
Meter Umfang! Eine Menschenkette, Hand-in-
Hand, müßte siebzehn Erwachsene umfassen, damit sie ihn umschließen kann. Seine Holzmasse
wurde auf über 1500 m³ und sein Gewicht auf
mehr als 1000 Tonnen berechnet. Vor Tausenden von Jahren aus einem nur 0,5 Milligramm
leichten Samenkörnchen entstanden …

Außerhalb der kalifornischen Nationalparks
Sequoia und Yosemite erreicht der recht schnell-
wüchsige Baum, auch in Europa, Höhen von
über fünfzig Metern.

Der Anblick eines auch nur hundert Jahre
jungen Exemplares von beispielsweise fünfzig
Metern Höhe flößt dem Betrachter Respekt ein:
Ehrfurcht vor der Größe und Geradlinigkeit des
mächtigen Stammes, dazu ein meist dichtes Ast-
und Zweigwerk, immergrün, in mittelschlanker
Pyramidenform.

Größe und Geradlinigkeit, welche Gegenpole
zu den Begriffen «kleingeistig, minderwertig und

173

Abb. 88   Etwa sechzig Jahre junge Mammutbäume in Köln

Abb. 89 ‹Gottes freundlicher Zeigefinger›. Mammutbaum im Kölner Florapark

unterwürfig»! Größe und Geradlinigkeit stellen die Merkmale eines uralten Menschheitswunsches dar. Wer kennt nicht das im eigenen Inneren tief verwurzelte Bestreben, diese beiden Haltungen für das eigene individuelle Leben zu erreichen?

Geradlinigkeit: das eigene Leben eigenständig führen, ohne ständig und wendig immer wieder neue Haken um die alltäglichen Behinderungen herum schlagen zu müssen. Und eine Größe, die unübersehbar ist und jedem Sturm und Unwetter standhält. Zudem Größe, die gewachsen ist und nicht konstruiert wurde. Größe und Geradlinigkeit, die sich im Mark des Stammes, im Ich, verkörpern.

Menschen von wirklicher Größe und unbeugsamer Geradlinigkeit sind so dünn gesät wie die Mammutbäume. Genügt zum Anblick des Baumes das Auge, so verlangt die Wahrnehmung eines geradlinigen Menschen von innerer Größe den vollen Kontakt und die intensive Begegnung mit diesem Menschen.

Nicht Prominenz, Weltruhm oder regionaler Bekanntheitsgrad sind die Schlüssel zum Ziel. Vielmehr sind es die Weisheit und das Wissen um die ewigen Gesetze der Welt, die eigenständige und neidfreie Ausrichtung des Lebens im Glauben an ein Höheres, die Toleranz und die Friedfertigkeit allen und jedem gegenüber, die die Grundlage für ein Leben in Größe und Geradlinigkeit darstellen.

Größe und Geradlinigkeit sind die Eckpfeiler der Selbstverwirklichung. Diese beiden Eckpfeiler bilden das Tor zur Einheit mit dem einigen Großen Ganzen. Hoffentlich begegnen Ihnen auf dem Weg zu diesem Tor einige große und stattliche Mammutbäume. Sie finden sie nicht im Wald, nicht im ländlichen Freiland, eher in gepflegten städtischen Baumparks, auf alten Villengrundstücken und gelegentlich auf einem alten Friedhof.

Wenn Sie einen Mammutbaum erspähen, betrachten Sie ihn als eine Art «Zeigefinger Gottes»: nicht drohend, nicht mahnend, nur erinnernd, und zwar an die Größe und Geradlinigkeit, die Sie selbst erreichen können. Berühren Sie seine weiche Rinde, schauen Sie an seinem Stamm hoch, um seine Größe zu erfassen. Und auch wenn Sie ihn nicht berühren, sein Anblick wird Sie eine Zeitlang wie ein Bild begleiten und Sie an eine wichtige Lebensaufgabe erinnern: Größe und Geradlinigkeit für Ihr Leben!